石塚正英著作選【社会思想史の窓】

第4巻

母権・神話・儀礼

——ドローメノン【神態的所作】

石塚正英【著】

Masahide ISHIZUKA

社会評論社

石塚正英著作選【社会思想史の窓】（全6巻）

石塚正英著作選【社会思想史の窓】

第４巻　母権・神話・儀礼——ドローメノン（神態的所作）＊目次

第1章　Cultus
——儀礼と農耕の社会思想史——

はじめに——cultus の語義

昨今、言葉のみだれが甚だしいとよく言われるが、みだれはすなわち変化の兆しなのであって、一概に否定はできない。二十年ほど以前、年賀状に大伴家持の萬葉歌一首を記しておくった時のこと、教え子の一人から「先生もついに記憶が覚束なくなったか」というふうな目でみられてしまった。「あらたしき年の始の初春の今日降る雪のいや重け吉事」の初句が「あらたしき」でなく「あらたしき」なので、小学生でもまちがえないようなことをしている、と思われたのだった。その教え子には気持ちを「あらた」にしてもらいたいと、その時私は思った。言葉はそのように音がいれかわるほか、意味もずいぶん変化する。たとえばサラリーマンという和製英語のもとになったサラリー（salary）は、今では給料、俸給という意味になっているが、その語原のラテン語では塩を買うための給与金サラリウム（salarium）であり、さらには賃金として支払われる塩（sal）を意味していた。ギリシアのホメロスによると先史・古代にあっては塩を神と見做して崇拝した人びとがいた。そうなると現代人の拝金主義は別の解釈を必要とするかもしれない。

ところで、今回論題にかかげたcultusというラテン語も様々な意味を含んだ言葉である。耕作とか栽培、また耕作地、それから生活とか習慣、衣服とか装飾、教養とか薫陶、そして尊敬とか崇拝の意味を含んでいる。このクルトゥスが語原となって、耕作・修養・教養（cultivation）、文化・文明（culture）、祭儀・崇拝（cult）などの現代語が成立した。似たような言葉にオカルトがある。これはラテン語のoccultusに発する語で、cultusの接頭語ocは「抵抗・隠蔽」という意味を示すobの派生形であり、オカルトとは「隠された、秘密の」という意味になる。cultusが開かれた場でのことがらであったのに対しoccultusはそれと反対の場でのことがらだったのであろう。

以下においてcultus、この意味深長な言葉をめぐる幾つかの議論をしてみたい。一つは農民について、一つは農耕儀礼について、一つは農耕からうまれる社会組織について、そして最後に歴史を動かしてきた農民戦争・農民叛乱について。なお、以上の四点はさほど相互に関連してはいない。いずれの節から読み始めても差し支えない。

一　「たみ」としての農民

（１）班田農民の地位

前近代の日本では農民のことを百姓と称した。そのなかでも検地帳に記載され貢租を負担する者を本百姓、田畑を持たず検地帳に記載されない者を水呑百姓と称した。近世日本の農民を以上の二つに類別すると、前者は和語の「たみ」にふさわしく、後者は漢語の「民」に匹敵する。

藤堂明保著『漢字語原辞典』によると、金文の「民」を見るとそれは明らかに人の目を針で突き刺し、目を見えなくした象形をあらわしている。つまり、この文字は奴隷を指しているのであった。[1]逃亡した奴隷を見せしめに虐待したか、ある奴隷集団をみな片目にしたか、そのあたりの事情は定かでないが、殷周時代には邑の正式な構成員である士と彼らの奴隷である民とははっきり区別されていた。孔子は『論語』のなかで民を無知な者と括っている。そういえば「民」に関連する文字、たとえば「眠」というのは目を閉じている状態を指し、「罠」というのは部首の網からも推測されるように目の見えない状態で陥るものである。

「民」という文字は、中国でもっとも古い文字とされる甲骨文字には発見されていない。紀元前三千年～前二千年頃夏の時代にはむろん、その後の殷でも、階層としての奴隷は存在しなかった。したがって、そうした階層を表現する文字も未だ存在しなかった。前八百年を過ぎて春秋時代に至り都市国家が連合を拡大していく過程で、階層としての奴隷が出現した。楚の荘王は前六百年、周王の権威を無視して中原に入り「周の鼎の軽重を問う」たが、その段階に至ってはもはや農民の大半は奴隷の状態におかれていた。

ところで、中国に隋唐という古代大帝国が出現した頃、日本には部民《べのたみ》と称する農民がいた。皇室や豪族に所属する労働集団を部といい、その構成員を部民といった。彼らの一部分は、六四五年大化の改新で班田を給付される良民となった。ということは、この時代の班田農民は奴隷ではなかったことになる。彼らは様々な租税を生産物の形で国家に支払っている。つまり班田農民は生産物地代を支払う公民なのである。また輸租田（租を納める義務のある田）である口分田（公地）の班給を受ける班田農民は、賎（私奴婢）をかかえる良民である。律令では、班田農民は貴族と同じ階級に所属したのである。さらに、雑徭を課された班田農民は自らの労働用具を持ち、国司（政府）は農民に食糧を与えない。奴隷でないので、食糧は自前が前提である。萬葉集の防人の歌に、「韓衣《からごろも》　裾に取りつき　泣く子らを　置きてぞ来ぬや　母《おも》なしにして」とか「わが妻も　絵にかきとらむ　暇《いづま》もが　旅ゆく吾《あれ》は　見つつしのはむ」などという辛い別れの歌がある。しかし法的には、班田農民は労働地代を支払う農奴ではあってもけっして奴隷ではなかったのである。

ヨーロッパでは労働地代（賦役）の段階に対応する農民は農奴（サーフ、ヴィレン、ライプアイゲネ）である。また労働地代でなく生産物地代の段階に対応する農民は隷農（ヘーリゲ）である。そのような区分を班田農民にあてはめると、彼らは労働地代を課せられるもののそれ以上に生産物地代（田租）を課されたから隷農である。それに対し大化の改新前に豪族の私有地（田荘）を耕作していた部民は農奴である。そのいずれも奴隷ではない。奴隷とは、班田農民が所有していた私奴婢である。この奴隷たちは春秋戦国以降の中国に存在した共同体所有のそれでなく、私有のそれだった。

そうであれば、ここで大化の改新以前と以後（七〜一二世紀）の社会制度を総体的奴隷制とするのは間違っていると結論づけるのが正しい。また、大化の改新によって登場した班田農民はヨーロッパ史では奴隷にでなく農奴に分類される。布村一夫著『正倉院籍帳の研究』によれば「大化後の班田農民は隷農であるといえるにちがいない。そして大化前の部民も、それにちかいものであったことは……あきらかである」(2)。隷民だの農奴だのと呼ぶとずいぶん不自由な存在に聞こえるが、貴族と同じ良民に属するといえば、なにか自由な存在に聞こえる。形態から見れば、班田農民は私奴婢をかかえる独立の農民だったことに違いはないのである。

奴婢を所有する存在という意味でなく租税を払って独立している存在としての農民、こうした存在は言葉の上からも確認されうる。それは和語「たみ」の意味にかかわる。松村武雄著『日本神話の研究』第四巻には次の記述が読まれる。「松岡静雄氏に従へば、タミ（民）の原義は、『田即田人の意』であり、それが『轉じて民の意に用ひられる様になつたのである。』といふ。この見方は、タベ（田部）→タミ（民）の見方が持つ缺陥から解放されてゐる。もしこの解釋を容れるとすると、我が國の古代に於て農作——殊に稲作がいかに主要な食養經濟様式であつたかが、強く意識される。田を作る者が『民』とその概念を同じうしてゐるからである。尤も私見によると、タミ（民）が『田身』から出たとする見方と同じ程度の確立を以て『田見』から出たとする見方も成り立ちうるのではなかろうかと思はれる」(3)。「田身」とは、田のなかにいて野良仕事をしている人を指し、「田見」とは、田の畦に立って作物の成長を気遣っている人を指す。そうだったのである。縄文の先史からこの列島の農耕民は、自分で耕した火田で野まわりをするような自立した生活者の側面を有していたのだった。

一九九七年三月一三日付『朝日新聞』朝刊に、和語「たみ」と関連するかもしれないたいへん興味深い記事が紹介された。それによると、九六年一月に三重県姫野町の片部遺跡で「田」と思われる文字の描かれた四世紀前半の土器が発見された。また九七年二月、今度は熊本県柳町遺跡で井戸から発見された四世紀初頭の木製よろいの留め具裏側に「田」の文字らしきものが読まれる、との報告が千葉県佐倉市の国立民族博物館で開かれた「田」検討会でなされた。未だ中国から漢字が伝わる前に日本で独自の象形文字が考案され広く使用されていたという証拠なのか、それともこれは何かの偶然のなせるわざなのか。

子どもの頃に小学校で「田」という文字の筆順を担任の藤井ミユキ先生から教わったとき、まず冂を書くがその後真んなかに一を書いてはいけない、と先生に言われた。そんなことをすると田の奥にまでに水を引けない、とのことだった。縦に一本通してから横に二本引きなさい、ただし上の横棒が先ですよ、と習った。その教えは火田でなく水田にかかわるものだが、この文字はいずれにせよそのような気配り程度で容易に象形化されたのかもしれない。

漢字のように純化されなくとも、縄文人だってそれくらいのcultus（教養）は身につけていたとして、ちっともおかしくない。九七年五月二六日付『讀賣新聞』夕刊に、今から約九五〇〇万年前縄文早期の大規模集落跡が鹿児島県国分市の上野原遺跡で出土した、とのニュースが報じられた。青森市の三内丸山遺跡ほどの規模はないものの、時代ではそれより約四〇〇〇年遡るという。また、三内丸山遺跡は「縄文都市」と形容されるほどに高度なcultus（文化）を営んでいた。長期にわたって継続した社会規範、計画的な空間利用、六本柱に支えられた建造物、最盛期における約五〇〇人の定住生活、こうした調査結果は縄文人が「田身」（田に立つ人）か「田見」（田を見回す人）にして、いずれの日にか自ら耕した地を「田」の象形で示したと推測して、何ら非常識ではない。そのような自足の農民は、その後、六四五年大化の改新直後に班田農民すなわち公民として暫し登場した。また、南北朝の動乱期頃からは農民たちの自治的な組織である惣（惣村）が形成され、土一揆の母胎となった。だが農民の自治的ないし自足的生活形態は、その後検地や兵農分離政策が強化されるなか、大きく崩れていくのだった。

（２）寄生地主制下の小作農

近代日本の夜明けとも称される明治維新は、中小の農民やその家族にとってはけっして夜明けでなかった。四公六民で農民を苦しめた徳川幕府ではあったが、それでもこの時代には農民を殺すわけにはいかず、田畑永代売買の禁令（一六四三年）や分地制限令（一六七三年）によって農民の零細化を食い止める政策がとられ、また村落共同体に所属する者として農民には入会権による最低限の生存手段が備わっていた。一八三〇年代天保の大飢饉における各地での一揆や大塩の乱（一八三七年）はなるほどたくさんの餓死者を出したが、その直接の原因は幕府の農民搾取政策の急転でなく洪水や冷害であった。また江戸後期には、かつての南北朝動乱期のように惣百姓一揆という全村ないし全藩あげての一揆が頻発したが、これは農民の窮状を証拠だてるとともに彼らの政治的強大化を証明するものでもあった。

しかし明治維新以後に地租改正が行なわれ、一八八〇年代に松方財政のデフレ政策で中小農民が没落すると、ここに日本各地の農民は古代の班田農民（納税者）以下の法的・社会的位置に引き摺りおろされたのだった。

維新直後、新政権の体制固めを目的に相次いで官制の変革が断行された。そして一八七一（M四）年七月二九日「太政官制」が成立すると、この中央政府機構には西南雄藩出身の下級藩士が起用された。その後一八七三（M六）年には征韓論決着により政権担当者が大幅に交替し、それに続く士族反乱、西南戦争、明治一四年政変等の激変を通じて天皇制中央集権が確立していった。その過程で一八八一（M一四）年に参議（参与、大蔵卿）となった松方正義は、紙幣整理、兌換制度確立、日本銀行創設等を通じて中央集権化を財政面で達成した。しかし、その政策は大隈財政下のインフレーションを抑止するデフレ政策となって現われたのである。そのため金利、物価が下落し、そのあおりを受けて各地の自作農が土地を手放し小作人化の坂道を下っていったのだった。また、商業的農業の代表だった養蚕や製糸部門でも深刻な経営状態に陥った。

こうして農民が没落すると、彼らは都市に流出して産業資本にうってつけの労働力に活用されていく。一八八六（M一九）～八九（M二二）年にかけて輸入機械（紡績ほか）を用いての産業革命が開始し、一八九四（M二七）～九五（M二八）年の日清戦争後は海運・鉄道部門に大量投資がなされ、主要兵器とその素材の大半が国産化されるに至った。さらに一九〇四（M三七）～〇五（M三八）年の日露戦争後は八幡鉄鉱所創業等を通じて軍事産業の工業化が推進されていく。それにともなって、紡績部門における独占の形成、政商の財閥への転化が進行した。こうして日本が帝国主義段階ないし国家独占資本主義段階に移行していった頃、東北地方そのほかの農村部では少数者による地主制、いわゆる寄生地主制が確立していくのだった。

日本資本主義は村落共同体を根底から解体することは避けた。共同体を温存しつつ国家の、上からの資本主義化をはかったのである。農民対策としては、当初中間層を残存させていく方針を出した。けれども、その農民政策は功を奏することはなかった。一八七二（M五）年田畑永代売買解禁と地券発行により土地の売買が合法化されると、とりわけ松方デフレ政策の時代以降少数地主への土地の大規模集積が進行した。こうして大土地所有者になった地主たちは、それを資本に農業の近代化を行ない資本主義的農業経営に着手するわけではなかった。そうではなく、高率の小作料で多くの小作人を雇い、彼らに旧来どおりの農法で耕作させた。地主は小作料を農業に投資するのでなく、それを銀行に預けるかして、あるいは直接にか、工業に投資したのである。

農業に寄生して工業をさかんにする地主制がこうしてできあがったのである。

ところで、地租改正以後、税金は土地に課されることになった。地主は、豊作・凶作の作柄に関係なく地価の三パーセントにあたる地租を金納する義務を負った。法令制定当時、多くの自作農はこれに反対して一揆を起こした。特に一八七六（M九）年茨城県真壁郡・那珂郡での一揆、三重・堺・愛知・岐阜の諸県での一揆は大規模化した。これらの騒動は有力な地主や豪農が主体となり、それに中小の農民が合流して拡大し、翌年には税率を二・五パーセントに軽減するのに成功した。一揆参加者に竹槍を武器とする農民が多かったところから、「竹槍でどんと突き出す二分五厘」と言われた。しかし農民の犠牲は甚大で、三重での伊勢暴動に際しては五万七〇〇人が処刑された。

こうして近代化の波に洗われ始めた農民たちは、しかし長年培ってきた共同体的な観念からそう簡単には抜け出すことはできなかった。たとえば一八八四（M一七）年に生じた秩父困民党の蜂起では借金据え置き・減税といったスローガンに加え、学制反対の訴えも襤褸《らんる》に記された。養蚕そのほかで生計を立ててきたこの地方では、子どもは六歳になれば補助の働き手となったのである。農民にとって、旧来の共同体的な生活様式（cultus）を破壊されるのは何にもまして痛手だったのである。

松方デフレ政策は日本の農民の多くを半自由民に転落させる梃子となったが、他方では維新政府は四民平等の諸法令を発布しつつも戸籍の身分登記制を存続させて華族・士族・平民の権利格差を設けた。華族制度は日本国憲法によって廃止されるまで存続し、士族の特権は七三（M六）年徴兵令と秩禄処分の開始、七六（M九）年廃刀令、八二（M一五）年の刑法施行などで減じはしたものの一九一四（T三）年身分登記制廃止まで存続した。人口比で平民の中心だった農民、それも特に小作人は政治的および社会的自由を獲得できなかったのだった。「小作人に自由だと？とんでもない。納税の義務を負っていない身分の者に自由だの権利だのがあるものか」。これが近代日本の四民平等的常識だったのである。

納税の義務を負わなかった小作人たちは、しかし明治政府の富国強兵政策の一環として、兵役の義務は負わされた。一八七三（M六）年制定の徴兵令により、満二〇歳以上の男子は兵籍に編入され兵役につく義務を果たすことになった。この政策には士族も平民も反対した。士族にすれば、かつて自らの任務と認識していた軍務に平民をつかせるのは許しがたく、また同年秩禄を廃止されて生活に窮する状態は好ましくなかった。他方、平民にすれば、一家の稼ぎ手である二〇歳の男子を三年間も兵隊にとられるのは死活問題だった。しかも官吏、陸海軍生徒、官立専門学校生徒、洋行修業中の者、戸主とその相続人は兵役を免除された。また代人料二七〇円上納者も免除された。そこで農民たちは徴兵反対の一揆を起こしたのである。この抗議により各種の免役規定と代人制は廃止されたが、国民皆兵の原則は確立したのだった。

ちなみに、日露戦争のとき、満州で塹壕に潜みいざ戦闘開始との合図を待つ兵たちは、生まれて始めて腕時計をしたそうである。軍事用にと配給されたそれはドイツ製だった。戦争で死なずに故郷の村に戻った農民兵の幾人かは、無用となった腕時計を持ち帰った。時計などというものは、一人で持っていても意味がない。いまだ農村では農耕儀礼の行事暦と稲時計で動いていたのである。日清戦争のときには山東菜つまり白菜を持ち帰ったが、農村にはそのほうがはるかに利益になった。しかし、朝鮮半島を侵略占領し出した帝国主義日本にしてみれば、白菜より腕時計のほうが断然利益になったのである。

総じて、明治・大正・昭和前期日本の農民＝小作人のおかれた社会的・政治的・法的状態は、大化の改新直後の班田農民以下だった。なるほど絶対的なレベルでの物質的生活では前者は後者よりはるかに上である。けれどもあらゆる領域での寄生地主と小作人との格差という点においては、日本農民生活史上でこれほど開きの拡大した時代はなかったのである。班田農民を cultus に生きる「たみ」と位置づけるとすれば、寄生地主下の小作人は奴隷としての「民」に限りなく近いのである。彼らは cultus から疎外された存在だったのである。

二　実現の見立てから発する農耕儀礼

（1）破壊される縄文土偶

今回は cultus の社会思想史が主題である。その意味では農民のおかれた政治的・社会的境遇にでなく、農民の営む生業すなわち農耕（cultus）に注目するべきである。そこで本節ではそのハイライトとも言うべき農耕儀礼の社会思想史に議論を集中しよう。

以前、ＮＨＫテレビの番組「世界わが心の旅」で、ナポリのキリスト教礼拝堂カタコンベの内部を映した映像を見たことがある。それは現在もなお祈りの場であると聞いて、少々驚いた。髑髏とか大腿骨、上腕骨を中心とする人間の遺骨が隅々に山積みになっている。壁のように積まれている。マリア像のように丸ごと一体が立っている。何十年も前に結婚式の最中に亡くなったという女性のミイラが横たわっていた。

私は若い頃ドイツに行ってあちこち旅行したことはあるが、南イタリアを旅したことはない。だから、カタコンベについては高校時代に世界史で教わったままを記憶していただけだった。その記憶とは、帝政初期のローマで迫害を被っていたキリスト教徒たちは、その迫害を逃れて地下の墓地で秘かに礼拝を行なった、というものである。地下墓所での礼拝の目的はキリスト崇拝であってそれ以外の目的など教わったことがない。いわんや遺骨崇拝やミイラ崇敬（ネクロフィリア）など思いもよらなかった。ところが、あの映像を見て考えが動いた。画面に登場した僧侶の話では、カタコンベでの遺骨崇拝は昔から日常的なことだという。恐くはないかとのコラムニスト（番組中では旅人）天野祐吉のインタビューに対しては、生きている人間のほうが恐いと冗談を言っていた。

プラトニズムと結びついた教会キリスト教は遺骨を含めて庶物崇拝（フェティシズム）を教義上否定した。しかし、ゲルマンやケルト、それにラテン系ほか地中海諸民族の自然信仰と結びついた民間キリスト教は生活上それを当然のものと見做した。そこからある種の妥協が成立した。その妥協の所産が今日に続くカタコンベでの遺骨信仰である。しかし初期のキリスト教徒はたいへんな庶物崇拝者であって、イエスを身篭もったマリアがイェルサレムからベツレヘムへと向かう途中に休息をとったとされる岩を信仰したりした。

ところで、カトリック・プロテスタント両教会において拝む像に違いがある。主として、前者はイエスを抱くマリア像を、後者は磔刑のキリスト像を拝む。その際マリア像は、はたしてイエスを生んだ母、聖母として崇拝されただけなのだろうか。そうではない。マリアはキリスト以前の古代ヨーロッパで信仰されていた女神の一つなのである。ギリシアではデーメーテールがそれにあたる。フレイザー『金枝篇』[4]によると、「デー」とは大麦ないし穀物を意味し、「メーテール」とはマザー（母）の語原である。先史の地中海沿岸地方やアルプス以北の地には、農耕を生業とする民族が生活していた。狩猟民もいたが、農耕民もいた。女神信仰は主に農耕民のもとで維持された。彼らのつくる女神像は大きな乳房やおしりをしている。たくさんの乳房をつけた像もあるし、股間に女陰を線刻したものもある。

マリアないしデーメーテールを主神とする農耕民は、節目毎の農耕儀礼において女神像に祈りを捧げたが、その女神は、本来は、石とか木でつくった像であると同時に大地そのものでもあった。そこで女神信仰の先史諸民族は、作付けの儀礼においてしばしばある特異な行動にでた。女神像を大地に叩きつけて壊してしまうのである。あるいは予め壊しておいて耕地に振り撒くのである。このようなcultusは日本の縄文時代にひろく営まれたようである。最近の考古学調査研究により、最初から壊しやすいように肢体を別個につくりそれらを粘土で簡単にくっつけたような縄文土偶が議論されている。また、実際に縄文時代の焼畑遺跡からは首や腕の欠けた土偶がたくさん出土している。

どうやら、先史の農耕儀礼では女神たちは殺されていたようである。それはけっして犠牲ではない。神に捧げるものを殺しているのではない。神それ自体を殺しているのだ。先史の生活者は、たとえば太陽は周期的に滅亡するか力を喪失すると考えた。神はけっして永遠なのではない。神もまた死ぬことがあるのである。しかし、何らかの儀礼を執り行なうことで、神は蘇生する。先史ケルトに起原を有するエイプリルフールはその儀礼の変化したものである。そのような死と蘇生は大地についても言えた。大地母神も儀礼を通じて死に、儀礼を通じて蘇生するのだった。

ヨーロッパ各地の農村地帯では、小麦等の作物を収穫するに際し「穀物の母」と称する藁束でこしらえた人形を燃やしたりした。農耕儀礼において殺される神のフォークロアは世界の各地に伝えられて今日に至っている。たとえば、フレイザーの大作『金枝篇』には以下の記述が読まれる。「ロシアでもまた、最後の刈り束はしばしば女の形につくって女の装いをさせ、歌いかつ踊りながら作小屋まで連れて帰る。ブルガリア人は最後の刈り束でもって人形をつくり、それを『穀物の女王』とか『穀物の母』と呼ぶ。それは女の下着で装われ、村中を担ぎまわされ、翌年の作物のために十分な雨露を得る目的で河の中へ投げこまれる。あるいは焼かれて、疑いもなく畑を豊饒肥沃にするため、そこに撒き散らされる」(5)。

農耕儀礼に限定できないが、先史の神はただ殺されたのではない。しばしば、信徒たちによって食された。その名残りは、新約聖書の最後の晩餐の記述に読まれる。キリストは翌日の死（神殺し）を覚りつつ、一二人の使徒と食事をする。そのとき不思議な言葉を発する。「私の肉を食べ、私の血を飲む者は、いつも私の内におり、私もまたいつもその人の内にいる」（ヨハネ六・五六）。この言葉を遺して翌日ゴルゴタの丘で十字架の死をとげたキリストは、肉体を遺さなかった。三日の後、復活したキリストは姿なき霊であった。肉体はどうなったのだろうか。遺言どおり、弟子たちの幾人かが食したのではあるまいか。古代のオリエント諸民族のもとでは、自らの神（聖獣）や親ないし親の世代を食するというのは、さほど奇異な行為でなかった。紀元前五世紀ギリシアの歴史家へロドトスは、老いた親を食する慣習を記録している。神を食することによって、キリストが最後の晩餐で述べたような結果が得られると信じられたのだった。

縄文土偶の破壊は神の死を実現する行為であった。模擬や演技ではない。先史の人びとは神を超然とした存在とは観念しなかった。それどころか、彼らのもとでは、神は儀礼によってつくられたのである。農耕（cultus）は儀礼（cultus）を必要とし、儀礼は神を必要としたのだった。人は神がいるから祈りたくなるのでなく、祈りたいから、祈らずにおれないから神を創造するのだ。その際、祈りの内容は第一に cultus に関連していたのである。そして祈りの行為はギリシア語でドローメノンといい、祈りの言葉はレゴメノンといい、とくに前者は神への何らかの直接行動を為すことだった。それは、先史日本の儀礼においては土偶破壊だったのである。いったん神を殺して蘇生させる。それが自然と人間の死―蘇生と軌を一つにするのだった(6)。

土偶の破壊で神は間違いなく死ぬのである。土偶は神の代理ではない。大地が神であれば、土偶も正真正銘の神なのである。先史の人びとは想像の見立てを知らない。彼らは実現の見立てだけを心得ている。前者の見立てでは、信徒は土偶をいわば依代とか護符・お守りに解する。それはイドラトリという信仰形態である。私は、それは文明の視座であると主張する。先史の神観念では、霊だけの神は存在しない。身体と不可分離である。外魂を認めるアニミズムにしても身体を介在させないものは存在しない。先史人は何の変哲もない石や樹木でも、儀礼によってたやすく自己の神に見立てる。そうなったらもうその石や樹木は神であって、神として実現している。これは本当はただの石なんだ樹木なんだ、とは思わない。いずれ、その自然神に人格的刻印が印象づけられるようになっても、実現の見立ては維持されるのだった。

（2）お爺さんは山へ柴刈りに

昔話はよくこんな出だしで始まる。「昔むかし、あるところにお爺さんとお婆さんが住んでいました。ある日、お爺さんは山へ柴刈りにお婆さんは川へ洗濯に出かけました」。日本では古代から中世にかけて、農耕は山間および扇状地で営まれるのが普通だった。農民は山林に分け入って生活資料を獲得した。山林や荒地は一般に農民の入会地であって、彼らの共用とされたのである。平地での稲作は扇状地などでの畑作にくらべると面積で劣っていた。それに、平安時代には未だ直播《じきまき》の水稲栽培法が行なわれていた。平安末期から荘園村落と国衙領（公領）の村落が拡大したが、いずれにせよ中世には荘園村落が農民の生活圏となった。彼らのうち一区画の田畑を耕作する権利を有する者を作人といい、その作人から耕作権を受け継いだ者を下作人とか下人、名子という。さらに、その作人から小作料（加地子）を取る者を名主といい、その名主から年貢を徴収する者が荘園領主だった。古代の班田農民と違って、中世の農民は租税を負担しない。名田所有者である名主が租税負担者だった。

村の中央ないし小高い場所に地頭や荘官の住居（館、堀之内）があり、鎮守の社も村内にあった。また荘園の種類としては領主の直営地、地頭給田、荘官給田、寺田、神田などがあった。それらの田畑で作人は夫役と称する労働義務を果たした。鎌倉時代になると農業生産力は大きく進展する。農耕に牛馬を使用し、草木灰や厩肥《うまやごえ》による施肥が行なわれるようになり、水車の利用と用水池による灌漑の普及もみられた。苗代も作られるようになった。場所によっては二毛作が導入された。その過程で貨幣経済が進展し、鎌倉後期には年貢や夫役の代銭納がすすむ。前者を分銭、後者を夫銭という。

ところで、中世の階級関係は近世のようにすっきりとはしていない。名主でも別の荘園の作人であったりした。また農村に住む僧侶や神主、商人でも名田を所有すれば名主であった。実際に農耕を営む名主もいれば武士のような名主もいた。農民のサイドからみても名主、作人、下作人、名子といったいろいろの種類が存在した。そのなかからやがて、農業経営に従事しつつ惣領を頭に強い同族的結合をなす強者つまり武士が出現したのだった。しかし彼らとて農民的な生活をベースにしており、都市に住んだ近世武士とは明らかに異なった生活様式に親しんでいた。要するに中世は農民的な時代だったのである。

話をもとに戻して、ここで、山に柴刈りに行くお爺さんのことを考えてみたい。お爺さんは山で柴を刈るのであって、芝を刈るのではない。柴とは山野にはえる小さな雑木ないしその枝のことを指す。『方丈記』に「東に三尺余りの庇《ひさし》をさして、柴折り焼《く》ぶるよすがとす」という短歌がある。ここに出てくる柴は薪である。また『平家物語』（一、祇王）には「昼だにも人も問い来ぬ山里の、柴の内なれば」という短歌がある。ここに出てくる柴は柴で屋根を葺いた粗末な庵である。そのほか『源氏物語』（明石）には「余波《なごり》なほ寄せ返る波荒きを、柴押し開けてながめおはします」という短歌がある。ここに出てくる柴は垣根である。

昔話の桃太郎に出てくるお爺さんは、いったい何の目的で山へ柴刈りに出かけたのだろうか。それは、第一には、山野にあって小枝に新芽を吹いた柴を持ちかえるためであった。お爺さんは、持ちかえった新芽つきの柴を田畑に供えるのである。これは農耕儀礼（cultus）である。そのように儀礼を施された田を柴田という。新芽は生まれ出づる生命を意味する。ここでは、柴は生命ないしその源を意味するのである。作付け前か直後かに行なわれたのだろうこの儀礼は、当時の農耕が山岳信仰と深く結びついていたことを物語っている。今日ではまったく廃れたが、武蔵野台地の一角埼玉に住む私は、今でもときおり柴の置かれた畑を道路脇に見かける。せっかく作付けした畑に野良犬が入っては困るというので、侵入阻止を目的にしているのかもしれない。中世に行なわれた儀礼を意識している農民は、現在はもはやいなかろう。しかし、意味づけや目的が大きく変化しても、柴田を作るという行為は受け継がれてきた。実に趣のある文化慣性である。

昔話の桃太郎に登場するお婆さんは、なぜ川で大きな桃を発見したのだろうか。古代から山岳は神々の住む聖域だった。先史の頃には山岳それ自体が神（自然神）だった。したがって山頂や山奥から流れ降りてくる物は神聖であると考えられていた。山林に芽を吹く柴に神聖な意味があるように、山奥から流れ出してくる庶物も聖なるものだったのである。ある日お婆さんが川で洗濯していると、そこへ上流から一個の桃がドンブラコッコと流れ降りてきた。尋常の大きさでないその桃は、里での長い生活を経てきたお婆さんにしてみればきっと大切なものに違いなかったであろう。家に持ち帰り、お爺さんと一緒にその桃を割ってみたなら、なかから男の赤子が誕生したのだった。その子はたくましく成長して、やがて鬼退治にでかけることになる。

山で子を見つける話では、あの『竹取物語』も有名である。今は昔、あるところに竹取りの翁が住んでいて、日頃野山に分け入っては竹を切りだし、それでいろいろのことに用立てていた。ある日のこと、いつも取りに行く場所で根元の光る竹を一本みつけた。不思議に思って近づいてみると、筒の中が光っている。お爺さんはそのなかから小さく可愛い女の子を見つけ、家につれかえった。その娘は三ヵ月のうちにみるみる成長して大人の背丈になった。

昔話に登場する人物は貧しい農民が多い。竹を取って生計を立てている農民は、古代においては貧しい階層に属する。山に柴刈りに行く農民も楽な生活ではない。そのような下層生活者であればこそ、彼らはみな山の神への信仰を生活の支えとしている。儀礼は欠かせない。『竹取物語』でははっきりしていないが、古代から中世にかけて農民たちは、山岳修験や密教系の行者に導かれて生業の農耕に節目とリズムをもたせていたのである。とくに台密（天台宗）東密（真言宗）の寺院はよく深山幽谷に伽藍を建立し、山岳への人びとの信仰心をいっそう強いものにした。けれども中世の農民・庶民は先史からの自然信仰をも忘れることなく、それと神道・仏教との融合した信仰――それが修験であり密教である――をもって農耕儀礼（cultus）を執り行なったのだった。

（3）新田開発と地蔵虐待

古代から中世にかけて山間や丘陵で営まれていた農耕は、近世江戸期になると平野部に拡大していく。新田開発である。江戸初期の全国の耕地は一五〇万町歩だったが、中期には三〇〇万町歩に増加し、明治初期には四五〇万町歩に増加した。現在に残る地名で「△△新田」とあれば、そこはおおむね江戸時代に水田が拡張した一帯ということになる。農具は牛馬に牽かせる犁《すき》や備中鍬、千歯こきが普及した。室町時代から稲の品種が増え、施肥の技術が進展し、肥料として人糞、緑肥（緑草をもと肥にいれたもの）、干しか（鰯などの小魚を砕いたもので魚肥ともいう）、草木灰などが用いられるようになり、害虫駆除の対策も進んだ。下肥ほか肥料となる廃棄物は「使い回し」すなわちリサイクルの末端に位置していた。干しかなどは金を支払って買い入れる肥料つまり金肥ではあったが、それらは有機肥料であり今日のような化学肥料ではなかった。

施肥のおかげで平野部の水田が養分に富むようになると、そこには田にしや田がめが棲息し、それを餌とする鷺などの鳥たちが山の寝ぐらから飛来するようになっていった。鳥は飛びながら糞をするので、山と平地のあいだは勝手気ままに落下する鳥の糞で地味が肥えていく。そのおかげで、山麓はしだいに雑木林で覆われていく。日本は地中海沿岸やヨーロッパと違って古代や中世に森を喪失することがなかった。その一因は近世からの森の回復にあるらしい。今日に残った武蔵野の雑木林は、関東ローム層の上に鳥たちが落とし続けた有機肥料の賜なのだろう。河川を遡って産卵し死にゆく鮭たちも肥料となったろう。

江戸時代は都市の発達が目覚ましく、町方と村方（地方）というように都市と農村で異なった社会が成立した。そのうち農村では、村方三役（名主・組頭・百姓代）を中心とする自治的な郷村制が維持された。村落共同体の象徴である入会地は、農民の日常生活に必要な物資の供給源だった。村では定期的に寄合が開かれ、村の利害に関する様々な取り決めを行なった。また、労力交換等の相互助け合いを目的にした組織である結《ゆい》が機能していた。村方三役の筆頭である名主は貢租の割当て取立てとその完納に努め、用水・農業技術の指導、戸籍管理（宗旨人別帳、五人組帳）、財政などに当たった。農民に課せられる年貢は、本途物成（本年貢）・小物成（雑税）・国役（臨時の負担）・助郷役（宿駅などでの人馬徴発）などであった。そのうち本途物成の税率四公六民や助郷役の強化はしばしば農民一揆を招くもととなった。

そのような境遇に置かれた江戸期の農民は、それでも古代・中世から引き継いだ農耕儀礼（cultus）を節目にして喜怒哀楽の日常生活を送ったのである。石田英一郎著『桃太郎の母』には次の記述がある。「わが国の田植の古式には、日の神と水の神との和合を象徴するわざおぎの行われていたことは、今日の民間に残る田植唄からもこれを推測することができる。田植はすなわち田の神の誕生である。紅白の顔料もしくは仮面によってヨメの装いをした少女が水の神として登場し、日の神と交ることによって田の神は生まれるのであった」(7)。こうした農耕儀礼は形を少しずつ変えながら江戸期にも存続した。平安時代に田植の儀礼として行なわれていた田楽はやがて洗練され、室町期には武士や僧侶たちも神事として楽しむようになったが、農民のもとではむしろ田の神の儀礼が広く行なわれていった。

その際、江戸初期の農民に儀礼的な教導を指し示した人びとに作仏聖ないし木食僧がいる。彼らは、少なくとも一度はどこかしらの深山幽谷に分け入り一定期間孤独な修行を果たしてのち、農村部に降り来たりて村人の精神的な支えとなった。日本各地の山岳では古代から様々な行者が修行を積んだが、その代表に高野聖がいる。また、江戸初期の行者として尾張国生まれの弾誓がいる。彼は美濃国で二〇数年修行した後近江国、京都を経て摂津国へと旅しやがて佐渡島に渡り数年を過ごした。そのように各地で修行した弾誓は、やがて越後から信濃に移り、諏訪神社下社

（春宮）付近で一塊の大岩に遭遇する。その土地の人びとから烏帽子《えぼし》石と呼ばれていたその大岩は、近隣の農民たちにとって仏教以前の神体だったのである。弾誓はその岩上で念仏を唱えたのかもしれないが、土地の者にしてみればそれもたいへん有り難いことであったろうが、そうでなくともこの大岩はそれ自体が大昔から自然神であり続けてきたのである。

弾誓は、越後から信濃に入るに際して、信越の堺に聳える妙高山を神体とする神社、関山権現（関山神社）に立ち寄っている。妙高山は奈良時代に裸形上人が開いたとされるが、修験道においては妙高は龍神とされていたし、浄土教では阿弥陀如来とされていた。その妙高の里宮である関山神社には、鎌倉時代に修験者が修行の証として彫った石仏が今でもたくさん置かれている。これはおそらく妙高山麓から日本海沿岸一帯に住む農耕民の信仰をも集めたに違いない。なぜなら、江戸期を通じて、日本海沿岸頸城平野の農村の石仏が村おくりで人びとに背負われて関山神社の妙高堂にやってくるからである。街道祭りと称するその儀礼で平地から山麓へと運ばれる石仏は、頸城地方の新田開発にともなって用水や溜池の畔に安置されたものであり、関山神社の石仏というわけではない。それだけに江戸期の農民たちは、たとえ平野部での農耕に従事しようとも、つねに山の神を信仰し続けたということが言えるのである。

ところで、前述の弾誓には子弟の契りを交わした弟子がいた。摂津国多田郡の人、但唱である。彼は佐渡島で山岳修行中の弾誓に会う。その後一六〇三（慶長八）年に佐渡を出て越後の米山、そして北信濃亀倉村おくの奇妙山に分け入り、そこの岩窟で一二年間木食の修行に耐えた。その間彼は、里の農民たちの農耕儀礼や雨ごいのためにたくさんの石仏を刻んだ。宮島潤子著『謎の石仏——作仏聖の足跡』によれば、「奇妙山で修行中の但唱が、亀倉村の村人のために刻んだ地蔵石仏は、雨がどうしても降らないと、追いつめられた村人たちによって河に投げ込まれたという。つまり地蔵に強請したかたちである。それほどに命の綱とすがっていたのであろう[8]」。

江戸期に関東・中部を中心に拡大した新田開発は、それまで山岳や丘陵地帯の人びとに信仰されていた神々を平地に降ろす役割を果たした。作仏の技術をもたない農民たちではあったが、作仏聖の指導を受けたりしつつ、しだいに自ら粗末な石仏をこしらえるようになっていく。像容はかなりおおまか、いい加減であっても、おらが村のお地蔵さん道祖神さんとして村人に奉仕していくのである。そうした石仏は農民たち自身がこしらえたものだから、彼らのために最大限の努力をはらわなければならない。新田開発において最も深刻な問題は水の確保だった。そこで、日照りの末に溜池が空っぽになると、石仏たちは農民信徒の激しい強訴に曝されるケースも出た。乱暴な話であるが、それは今日でもときたま執り行われている。たとえば、一九九四（平成六）年日本全土で長期の水不足が続いたとき、新潟県中頸城郡三和村越柳で強訴儀礼による雨乞いが行なわれた。私はその一部始終を観察して、「平成六年初夏の神仏虐待儀礼」と題する報告書を書いて『日本の石仏』第七一号（一九九四年）に載せた[9]。

このような強訴儀礼は想像の見立てでなく実現の見立てに属する。甚だしい旱魃に見まわれた農民たちは、己が神にギリギリの状況で請願をするのだ。したがって、旱魃が止む気配を示さなければ、信徒たちは地蔵を縛りあげてぶん殴る、ぶっ叩く。しまいには溺死させるのである。そのとき、これはたんなる石ころだとか作り物だとかは思わない。ダイレクトに怒りを爆発させる対象なのであり、位は神だが農民に懲罰・体罰を受けて耐え抜く神なのである。実現の見立てはこの強訴儀礼で頂点に達するのである。

三　農耕にふさわしい社会組織

(1) 先ギリシアの母権制社会

人間のことをあるときはホモ・サピエンス（知恵ある者）といい、あるときはホモ・ファーベル（作る者）といい、またあるときはホモ・ルーデンス（遊ぶ者）、ホモ・モビリタス（動く者）という。そうした表現に対して、ここでは人間のことをホモ・アグレスティス（耕す者）という括り方をしてみたい。「耕す」という行為はソキエタスすなわち社会を前提としている。農耕は人と人との共同ないし協同によってはじめて成立する。始原の人類は何を生業としたのであろうか。狩猟か？　採集か？　狩猟からは遊牧か牧畜かが派生したのか？　採集からは畑作か稲作かが派生したのか？　いずれにせよ、先史の人たちの多くが農耕に従事したことは考古学的な事実である。

地中海沿岸のバルカン半島最南端ギリシア地方に、かつて農耕民族のペラスゴイ人が住んでいた。先ギリシアのその時代、その地はペラスギアと呼ばれていた。その住民ペラスゴイ人はオリエント系ないしアジア系であって、後に南下してくるアーリア系（インド・ヨーロッパ語族）のアカイア人、イオニア人、ドーリア人、いわゆるギリシア人と異なる民族系統に属する。とりわけ鉄器を所持したドーリア人は先住の諸民族を武力制圧し、クレタ・ミケーネと継起したかつてのエーゲ文明はここに徹底的に破壊去れ尽くしたかにみえた。しかしそのドーリア人は、エーゲ文明を築き上げた人びとの生活様式や信仰に大きく影響されていく運命にあったのである。その一例が母権制社会と母権的儀礼・信仰である。

一九世紀にスイスのバーゼルでギリシア神話学を研究したヨハン・ヤコプ・バッハオーフェンは、一八六一年に『母権論』を刊行し、そのなかで次のような卓見を記した。「諸民族の最初の文化は女から始まった。たとえば、女性というものは一般に民族の滅亡や復興のいずれに際しても特別の役割を担っている。それは、華麗な婚礼の歌の中で、レオパルディ伯爵が妹のパオリーナの心に浸み入るように歌った思想でもある。興奮している男を鎮め宥めるのは、女の役目である。男には力と激情があり、女には安らぎ・平和・神に対する畏敬の念・法などの原理がある」（岡道男・河上倫逸監訳、第一分冊、みすず書房、一九九一、一〇六頁）[10]。ここに示された女性観は先ギリシアの母権的社会に相応しいものであって、果樹栽培で営まれる地中海的生活様式に支えられるものである。ギリシアの詩人ホメロスは二大叙事詩を完成したと言われるが、その素材はギリシアでなく先ギリシア、ミケーネの諸文化に源泉を有している。

クレタに発しミケーネに受継がれた高度な青銅器文明エーゲ文明は、異民族の南下を通じてその後に派生するギリシア文化とは明らかに相違している。エーゲ海沿岸に展開したミケーネ的母権的社会は、他面では農耕という生業にもっとも適した水平社会でもあったのである。そこでは母性の存在がひときわ意味を持っていた。ヘロドトス『歴史』によれば、小アジアの地中海岸に住む「リュキア人は自分の名を父方でなく母方からとって名乗るということである。一人が相手に何者だと訊ねられると、訊ねられた者は母方の系譜を辿って自分の家系を述べ、母方の先祖の名を挙げてゆくのである」(11)。

ペラスゴイ人ほか先史の農耕諸民族は、その多くが母権的な社会に暮らしていた。ここにいう「母権」とは、けっして「父権」と同列の対語ではない。後者は政治的な力にして、端的にゲヴァルトである。政治組織（キヴィタス）に存在する。それに対して前者は社会的な力にして、いうならばモラルである。社会組織（ソキエタス）に存在する。母たちの権威は上から下への支配力ではない。たとえばペラスゴイ世界において母たちが尊敬され崇拝されるゆえんは、大地母が氏族社会（ソキエタス）とそれを構成する人びとの生みの親だからなのであり、氏族の神は母性＝女性の体内を通して受継がれるからなのである。

ところで、エジプト文明一つを見てすぐわかるように、オリエントの農耕社会では一般には母権でなく父権・家父長権こそ相応しいのではなかったか、という疑問が生じてくる。その疑問は時代差を考慮しないために生じるものである。エジプトでもずっと古い昔に遡れば、やはり母権的社会が存在したとみてよい。エジプトの歴代王朝においては、ファラオはその肉親の姉妹とした。また王朝交替に際しては、新王朝を開くファラオは旧王朝の王女と結婚しなければならない。主神アモン・ラーを受継ぐのは男であるファラオでなく、女である王女ないし王の姉妹なのだった。この事実は、ソキエタスの段階にあった先史のエジプト社会が母権的であったことを証拠だてている。その時代とは、おそらくナイル河畔に未だピラミッドの立つはるか以前、たくさん雨が降り一帯が緑豊かだった頃、スフィンクスだけが雨に浸食されつつも先住の人びとの信仰を集めていた紀元前八千年かそこいらの時代であろう。

母権的氏族社会およびその社会における農耕はどんなふうだったろうか。マルクス主義的な解説だと以下のようになる。氏族社会は人類の経済的発展において採集→狩猟・漁労→農耕・牧畜という段階を経て共同社会が成熟していく過程で出現した。この頃までの社会には母権制が認められるが、それは、農耕が当初女子によって耨耕（鎌や鍬による）として発達したためである。しかし、農耕がやがて大型家畜を使用する犂耕の段階になり男子労働が主力となるにつれ、母権にかわって家父長権が強化されて有力家族による生産の個別化が進行していく。零落した家族は他の有力家族の家内奴隷化していく。後者のうち最強の家系から政治的首長が出現する。

これは、一見するかぎりではすんなり読める。しかし、氏族社会の特徴である母権の成立基盤と都市国家等政治社会の特徴である父権の成立基盤が同列なので、上記の説明は私には納得できない。父権成立の説明はそれでよい。だが、母権成立の説明は変更せねばならない。先史社会は以下の三つの要素から成立っている。原始労働（物質的生産）・トーテム信仰（儀礼）・氏族制度（人間組織）。先史の生活者たちは儀礼を生産に先行させる。トーテム神は儀礼によって出来《しゅったい》する。社会制度は儀礼によって生まれる。そうなのである。先史の人たちは、あらゆる事柄・行為を儀礼でもって開始するのである。その際、儀礼はすべてを産み為す大地および女性・母性の聖化をもって意義を有することになるのだった。バッハオーフェンによれば母権・母性はそもそもシュトフリヒ（物質的）であり、テルーリシュ（泥土的）、クトーニシュ（地下的）であった。そのような母権的儀礼（cultus）は、先史社会では人びとの労働＝農耕（cultus）を組織する制度だった。母権は儀礼であり制度であり、そしてモラルであった。(12)

(2) パンのイエスと麦畑のイエス

一九世紀ヨーロッパでドイツ人亡命職人たちの革命結社を指導したヴィルヘルム・ヴァイトリング（一八〇八〜七一年）という人物は、現状を転覆するのに社会革命を唱えた。私的所有の否定と共同所有の実現を目指した。その際彼は、亡命先のスイスで旧約および新約の聖書を用いたプロパガンダを行なう。その内容ははなはだ奇異ではあるが、しかし根も葉もないことではなかった。そのことについて、ここでは農耕に関連するかぎりの範囲で紹介してみよう。一八〇八年マグデブルクで貧しいドイツ人を母にナポレオン軍のフランス人兵士を父にして生まれたヴァイトリングは、若くして婦人服の仕立職人となった。中世以来、職人はみな修業と生計維持のため諸都市に遍歴の旅に出るのが慣わしだった。こうした漂白の人生は、往々、人をコスモポリタンにする。ヴァイトリングはライプツィヒ、ウィーン、パリと主要都市を遍歴するあいだに、民族の未来よりも自身が所属する最下層労働者の未来を真剣に考えるようになっていく。その際、文字も読めない農民や職人に人間解放の革命宣伝を施すのには聖書が最適であると、彼は意識していく。また、彼自身もイエスその人を深く信仰していたのだった。

ヴァイトリングは一八四一年スイス滞在中に、自ら編集する雑誌『ドイツ青年の救いを叫ぶ声』に以下の一文を記した。「キリストは、死の前夜、弟子たちとテーブルを共にした。キリストは述べた。『受け取って食べなさい。皆で飲みなさい。私を記念するため、このように行ないなさい』。この共同の食事がコムニオーン、あるいはゲマインシャフトとよばれ、これに同席した人びとがコムニストないしゲマインシャフターとよばれたのである[13]」。

ヴァイトリングが聖書から引用したこの箇所は農耕儀礼にとってたいへん意味深長である。なぜならば、この場面すなわち「最後の晩餐」にはオリエントの各地に残存してきた神殺しの儀礼および当時の社会制度の特徴が刻印されているからである。今私の座右にある日本語訳新約聖書を開き、マルコで当該箇所を引いてみよう。「一同が食事をしているとき、イエスはパンを取り、賛美の祈りを唱えて、それを裂き、弟子たちに与えて言われた。『取って食べなさい。これはわたしの体である』。また、杯を取り、感謝の祈りを唱えて、彼らにお渡しになった。彼らは皆その杯から飲んだ。そして、イエスは言われた。『これは、多くの人のために流されるわたしの血、契約の血である……』」（マルコ一四・二二―二四）。

イエスのこの発言は比喩とも思えない。イエスが言う「パン」は、翌日になれば本物の肉なのである。この発言の少し前、イエスは自らを裏切る人物を予言していた。すなわち、彼は翌日刑死することを神的直観で察知していたのである。その上でのこの「食べなさい」発言を行なったのである。物凄い語勢が感じられる。同じ箇所をルカに語らせてみる。「それから、イエスはパンを取り、感謝の祈りを唱えて、それを裂き、使徒たちに与えて言われた。『これは、あなたがたのために与えられるわたしの体である。わたしの記念としてこのように行ないなさい』」（ルカ二二・一九）。パンを裂く。これはイエスの肉体を裂くことと同義である。そのとき弟子たちは想像の見立てを行なったのではない。彼らは実現の見立ての次元にあったのだ。これは本当はただのパンでしかないとは考えず、イエスの肉を食べたのだ。

イエスは翌日磔刑で死ぬ。遺体はたしかに墓に安置された。しかしその後、墓はあばかれ遺体はどこかへ行方不明になる。マルコによれば、マグダラのマリア、ヤコブの母マリア、サロメが墓に行くとそこには白い長い衣を着たある若者がいて、遺体はすでにないこと、イエスは復活したことを彼女らに告げる（マルコ一六・一―八）。マタイによれば、主の天使が降りてきて遺体のないことと復活とを彼女らに告げ、墓を見張っていたピラトの番兵は「弟子たちが夜中にやって来て、我々の寝ている間に死体を盗んでいった」ことにしてしまう（マタイ二八・一一～一五）。

さて、イエスの遺体はどこへ行ってしまったのだろうか？　ここで私は先史オリエントの儀礼に即して一つの推測を行なってみる。ヘロドトスの報告によれば、カスピ海東北方面に住む遊牧民マッサゲダイ人のもとでは、死の間近な老人は縁者に殺され家畜と一緒に煮て食べられる。「こうなるのがこの国ではもっとも仕合せなこと」なのである。[14] 先史社会では聖なる存在は死に際して信徒たちに食される場合がある、この風習はけっして奇異なのではない。またフレイザーの調査によれば、アフリカでは王位継承にあたり新王は前王の遺骸や心臓を食べる。住民たちが「彼は王を食べた」と言って即位が行なわれる。[15]

イエスは、ピラトの番兵たちが口実に用いたのと同じようにして、弟子たちによって、あるいはほかのまったく知られていない信徒たちによってどこかへ運ばれ共同で食された可能性が濃厚である。ヨハネによるとイエスは「わたしが命のパンである」「わたしが与えるパンとは、世を生かすためのわたしの肉である」と言った（ヨハネ六・三五／五一）。いや、もっと強烈にこう言った。「わたしの肉はまことの食べ物、わたしの血はまことの飲み物だからである。わたしの肉を食べ、わたしの血を飲む者は、いつもわたしの内におり、わたしもまたいつもその人の内にいる」「わたしを食べる者もわたしによって生きる」（ヨハネ六・五五～五七）。

イエスの肉体がパンつまり小麦か大麦であることは、イエスの死と復活が先史オリエント社会の農耕儀礼と深く関連していることの証拠である。ある安息日にイエスは麦畑を通ったが、そのとき「弟子たちは麦の穂を摘み、手でもんで食べた」（ルカ六・一）。弟子たちがそこかしこに植えられている麦を共同で食べるのは、イエスの仲間内では自然なおこないである。けっして犯罪ではない。先史オリエントでは農耕組織は共同所有なのであった。私的所有の存在する組織＝キヴィタスには、それが成立する以前の組織＝ソキエタスが先行していたのであった。そのソキエタス的な本質を維持したまま教団として確立すると、それはコムニタスとなる。コムニタスには神のもの（共同所有）は存在しても、カイザーのものつまり政治的なもの（私的所有）は存在しないのである。

話を冒頭のヴァイトリングに戻そう。この職人革命家は、根っからのイエス主義者だった。だから、未だ政治化していない段階の最初期キリスト教とその組織を讃える。麦畑でかってに麦穂を摘み食いする信徒たち、最後の晩餐でイエスの肉体としてパン（麦）を食する信徒たち、彼らをコムニストとし、イエスと弟子たちで成立する組織をコムニオーンつまりコムニタスとする。一九世紀ヨーロッパの最下層で呻吟する職人や農民たちに、ヴァイトリングは、パンのイエスと麦畑のイエスを引用して未来の共同社会を語りかけたのである。それはイエスの信徒たちが穂摘みした麦畑にあやかっていたのであった。何しろ、そこは神を食する社会だったのである。

(3) コミュノテとアソシアシオン

農業国フランスで一七八九年に革命が発生したとき、北部農村ピカルディから農民出の青年が首都パリにやってきた。フランソワ・ノエル・バブーフ（一七六〇～一七九七年）である。生まれた家が貧農であったため、彼は地方領主の土地台帳監督官という農民収奪に加担する仕事に就いた。その結果バブーフは農村社会の窮状や領主の搾取方法を見抜き、貧農の立場から現状（アンシャン・レジム）への批判を行なうことになった。封建的所有関係と絶対主義政治権力のもとで拡大してきた不平等への批判であった。

バブーフは、一七八九年以前は貧農的立場からする潜在的平等主義者であった。それが、革命勃発とともにパリに出て食糧暴動などサン・キュロットの大衆運動に接するや、平等主義を旗幟鮮明にし、農民の立場から農地均分法を提唱することとなる。パリ滞在中に『永久土地台帳』を刊行し、プロパガンダを展開していく。秋にピカルディに戻ってからは、この地方の反税闘争に参加、これを指導する。

しかしバブーフは、すべての農民に土地を均等に配分するという平等主義をほどなく退ける。私的な所有を認めてしまっては、所詮財の少数者集中は時間の問題でしかなかったのである。彼は新聞『護民官』を発行し、その第三五号（一七九五年一一月）で次のように述べる。「農地均分法成立の翌日には、はや不平等が再発していることだろう」。私有の発想に依拠した均分法にかえて、バブーフはコミュノテつまり共有を提唱することになる。バブーフの同志マレシャルが起草したとされる『平等者の宣言』（七九年四月）には、以下の文が読まれる。「農地均分法つまり農地の分配は、原則というものを持たぬ兵士たちの、理性よりも本能で動く野蛮人たちの、はかない願望だった。(16)我々はいっそう崇高なもの、いっそう公正なもの、共同の財（communauté des biens）を要求する」。

財の共同によって実現するであろう理想社会は、バブーフにおいては農業と手工業、とりわけ前者を生業としている。小生産者で構成される共同体という点では封建下の村落と変わらないが、領主権力を廃絶した階級なき政治なき社会という点ではまったく新しい。バブーフは一七九四年二月に発せられたヴァントーズ法の理念、すなわち反革命容疑者の財産を没収してこれを農民に無償で分割しょうという農地均分法を拒否した時点で、実は近代をも拒否したのであった。彼の言うコミュノテないしコムニスムは、政治制度（キヴィタス）としての前近代の廃絶であると同時に社会制度（ソキエタス）としての前近代の再建を意味したのである。このコミュノテが実現していたなら、それは農耕にきわめて相応しい社会組織となっていたことだろう。だがバブーフはその課題を果たさぬまま、一七九七年三月に処刑されるのだった。

バブーフの時代から一九世紀にかけては、ヨーロッパを先頭にして社会が近代化を推し進めた時代である。しかし、単純再生産の前近代と違って拡大再生産の近代は不平等の拡大が凄まじく、その結果生じた諸矛盾により、社会の下層労働者は貧困と悪弊のどん底に突き落とされた。そこで一九世紀前半、この諸矛盾の発生原因を貨幣による商取引に見いだして農業による快適な調和社会を再建しようとする思想家がフランスに登場した。その人物はシャルル・フーリエ（一七七二〜一八三七年）である。

フーリエはルソーが使用したアソシアシオンという術語を継承して理想社会を楽しく描きだす。一九世紀初の頃には、新たな社会建設の構想として、おおまかに区分して以下の三種が存在した。

第一はイギリスのロックに発してドイツのヘーゲルに行き着く市民社会論である。これについてはここでいちいち説明するには及ばないものの、因みにロック的な系譜にあっては近代市民社会における個人を社会構成の出発点とし、この個の契約をもって社会成立の基盤とする。その場合、この契約が服従的なものから連合的なものに転化する地平に新たな社会組織が展望されることになる。それが第二の構想であり、以下で解説するアソシアシオン〔協同〕である。

それに対して第三の構想はルソー的な発想から出てくる。それはすなわち、近代社会における個人を社会全体と一致させるところから出発し、この〔個と個の結合すなわち社会全体〕という、結合契約をもって社会成立の基盤とする。その場合、個は全体に優先することはなく、全体のなかにおいてはじめて個が成立するという、コミューン〔共同〕が再構成される。こちらの一代表はサン・シモン（一七六〇～一八三五年）の説いた産業主義社会であろう。以下では、そのサン・シモンと比較しながらフーリエのアソシアシオンに言及する。

サン・シモンの説く産業とは物質的であると同時に道徳的なのであって、相互の内面的絆を強化するものである。謂うなれば職人気質に通じる。それに対してフーリエの説く協同社会は遊びとしての協働によって特徴づけられる。ホイジンガ流に言うならばホモ・ルーデンスである。サン・シモン〔派〕の説く産業社会では、生産物はすべて共同所有となって管理局に集められる。この社会では、各自は生産財や消費財を私有するに及ばないし、貨幣も要らない。なぜなら、各自みな自身の能力に応じて働き必要に応じて管理局から産物を取得するからである。管理局を介して、個は全体に一致している。それに対してフーリエの協同社会では、生産物は生産者に所属する。人びとはそれを直接交換する。ただし生産の計画・調整、さらに生産物の価値決定（交換比率）について協同局に助言を求める。

サン・シモン（派）もフーリエも同時代イギリスの工業社会を十分認識した上で、そのような物質主義偏重でない社会を構想した。特にファランジュと名づけられたフーリエのアソシアシオンでは、人びとは単調な仕事とは無縁で一日にさまざまな職種に就く。各々の職種に相応しいリーダーは各々いるが全体を仕切るようなボス的なリーダーは必要ない。職種にジェンダー差はない。有用な仕事と家事労働という区別がない。子どもたちは小さな用具を持って大人と同様に仕事を楽しむ。フーリエの言うファランジュが営む小麦畑からは歌声が聞こえてくる。サン・シモンの産業社会もフーリエの協同社会も、国家とか政治は無用である。管理局も協同局も、政府や政党ではない。キヴィタスではない。ソキエタスである。農耕をはじめとして、彼らの考える産業に相応しい組織はソキエタスなのである。[17]

四　たたかう農民とその指導者

（1）ドイツ農民戦争とトーマス・ミュンツァー

農業は工業と比べると非生産的だと言われる。そうした評価は近代的な合理主義の見方、経済効率至上の考え方である。だが、人びとの幸福度はどんな物を作るかにかかるのでなく、どんな人間（関係）を作るかにかかるのだ、という発想の人はむしろ農業のほうに生産性を見いだすであろう。そして、そのような生産的農業組織を解体から護ることはちっとも時代錯誤でないと言える。そこで以下では、その時々の支配権力に抵抗しながら自分たちの農民的な共同組織を維持しようとした事例を幾つか拾ってみよう。まずは、一五二〇年代のドイツで生じた大規模な農民戦争である。

一六世紀初のドイツは宗教改革の時代に差し掛っていた。ザクセンの神学者マルティン・ルターは一五一七年、ローマ教皇レオ一〇世の免罪符販売に反対し、ヴィッテンベルグ大学付属の教会の門扉に「九五箇条の論題」（ラテン語）を貼りつけて抗議した。この動きはほどなくルター派と教皇派への諸侯対立へと進み、ドイツはついに宗教改革の時代へ突入した。その際ルターは、同じザクセン出身の聖職者トーマス・ミュンツァー（一四九〇頃～一五二五年）に期待を寄せた。しかし、ルターがザクセン公フリードリヒ三世ほかの諸侯と結んだのに対して、ミュンツァーは中世以来農奴制下に苦しむドイツ中部の貧農、それに鉱夫等の下層労働者大衆に支持を見いだしていく。ルターはそのような方向に進んだミュンツァーをついに悪魔呼ばわりすることになる。

宗教改革中の一五二〇年頃、ミュンツァーはザクセンのツヴィッカウでシュトルヒほかの千年王国論者と意気投合する。またその後ボヘミアのプラハに移り、同地では急進フス派のタボル派と接触し、その過程で千年王国論に立脚した共同体主義者として下層労働者の反封建・反カトリック・反ルター的な闘争を指導するようになるのだった。彼の説教は農民によく理解された。なぜなら、それはドイツ語で行なわれたからである。ミュンツァーは誰よりも早くドイツ語で礼拝を行なったのである。宗教改革を高尚な教義解釈においてでなく農民たちの生活レベルで徹底しようとしたのである。

一五二四年農民戦争が開始した頃、ミュンツァーはテューリンゲンの帝国都市ミュールハウゼンで「神との永久同盟」と称する軍事組織を設立し、各地で農民叛乱を指導した。その際彼がスローガンにした指導理念は、「神は人間の内にいる」だった。彼は一方で神には君主も逆らえないと言う。そして他方では、人が救われないのは神の責任だと言う。要するにミュンツァーは、世俗の君主に対しては人間の解放という神の意志に逆らうなと訴え、神に対しては人間の解放をもっと真剣に考えよと訴え、よってもって、民衆解放へ向けての世俗の権力と天上の権威との地上における同盟を構想したのである。

ミュンツァーは、農民戦争当時に広く流布した独特の法概念「神の正義」を自らの指導理念に結びつけている。この概念によると、神の言葉（聖書）が現存する全制度の基準であり、この基準に反する制度は変更すべきというものだった。この概念に立ってミュンツァーは、神の意志すなわち農民解放に従わない世俗的権力の一切をついに否定したのである。今や神は教皇の下にもおらず、皇帝の頭上にも立たず、ルター派をも支持せず、武器を手にして諸侯と戦う貧農たちの心中にいるのだった。この説教は農民たちをファナティックに興奮させた。ミュンツァーは今日的な意味での反封建とか自由とかの概念を持ってはいない。彼は徹頭徹尾千年王国論者なのである。彼によれば、農民はイエスとその弟子たちが形成した最初期の共同体、地上の楽園に住むことができる。そのためにはしかし、農民は神と同盟して、ルターが容認した世俗権力を打倒しなくてはならなかった。こうして農民戦争の大義が得られたのである。

ところで、ミュンツァーが農民たちに説いてまわった理想の共同体を、我々はどのようにイメージしたらよいものか。それには、かつてマックス・ウェーバーが注目した先史のゲルマン社会と中世に存在した村落共同体を比較してみるとよい。前者はソキエタスである。紀元一世紀にタキトゥスが見聞する以前のゲルマニア、紀元前一世紀にカエサルがガリアに遠征した頃までのゲルマニアに存在したであろう、政治なき（国家組織なき）社会組織、それをここでは人民ブルク（Volksburg）と呼んでおく。それに対して中世に全面展開する荘園的な共同体を領主ブルク（Herrenburg）と呼んでおく。前者では生活に必要なかぎりで広大な土地を環状塁壁で取り巻き、そのなかに家畜などを放していた。後者では領主とか聖職者、御用商人らだけを防護した城壁を設けて、農民たちはその外に置かれた。

ミュンツァーは、イエスとその弟子たちの共同の食事で成立する絆を社会的な規範としたかったのである。それは、我々の見地では人民ブルクであろう。領主ブルクに依拠したルターと違い、ミュンツァーは人民すなわち農民だけから成る共同体の実現にすべてを賭けたのである。だから、彼の力説する共同体は原初的なソキエタスにして最初期キリスト教的なコムニタスである。神の子ないし神そのものであるイエスは確かにこの地上を歩いていた。つまり、神の国は間違いなくこの地上にかつて存在したのだ。それを一五二〇年代の現在に要求してどこがおかしいか。ちっともおかしくはない。千年王国は農民たちの目の黒いうちに実現しなければならない。

ミュンツァーの革命神学には農民たちの実生活に即した闘争方針が含まれていたのである。それはけっして現代的な観念ではない。後にエンゲルスが『ドイツ農民戦争』(一八五〇年)でミュンツァーをマルクス的な共産主義者の先駆としたのは、大きな誤認だったのである。いったんは私有財産についての観念が確立した後にこれを否定して財の共有を説いたフランス革命末期のバブーフですら、マルクスへと繋がる共産主義者の先駆ではない。この二人は謂うなれば人民ブルク主義者なのである。そのことをしっかり確認した上でこの人民ブルクを捉えると、それは農耕にとってまたとない社会組織であったと言える。

ミュンツァーは、新約聖書のヨハネ黙示録に表明された千年王国の永久的継続を求める。その思想には、人の行動は胃袋のみに支配されるのでない、との信念が垣間みえる。この精神に基づいてミュンツァーはザクセンの農民たちに説教を行なった。それに従って農民たちは、一つの儀礼(cultus)を行なった。そのようにして神を自身のなかに感じ取った者が捉える実現の見立ては、一五二〇年代ドイツの貧農たちを決死の闘争に駆り立てたのだった。(18)

（２）社会組織としての農民強盗団

ゲーテと並んでドイツ文学史上シュトルム・ウント・ドランク（疾風怒涛）の作家・詩人として知られるシラーには、『群盗』という作品がある。これは、一八世紀後半から一九世紀前半にかけてヨーロッパ各地に出没した盗賊団に題材を見いだした戯曲である。この作品に登場する盗賊はフィクションであっても、その題材になった盗賊の存在は事実である。この時代に出現した盗賊たちは、その多くが社会的な存在である。いわゆる匪賊である。私的な盗みをするものたちはそういない。そのような社会的匪賊に関してイギリスのホブズボームは著作『匪賊の社会史』中で以下のように述べている。「彼らは領主と国家によって犯罪者と見做されている農民アウトローではあるが、農民社会の中にとどまり、人びとによって英雄、あるいはチャンピオン、あるいは復讐者、あるいは正義のために闘う人、あるいはおそらく解放の指導者とさえ考えられており、いずれの場合にせよ、賞賛され援助され支持されるべき人びとと考えられていたということである[19]」。

社会的匪賊は、社会が農業的前近代から工業的近代に転換していく過渡期に出現する。ドイツについて言えば、特にライン川やモーゼル川流域地方の農民たちは、従来入会権等前近代に支配的なゲルマン的慣習法に親しんできたのだが、ナポレオン支配期以降急速に近代的な法に支配されるようになった。その結果彼らはあちこちで木材盗奪の廉で訴えられるようになる。その際ライン地方の農民たちは自分たちの行なった行為がなぜ罰せられるのか理解できなかった。なぜなら入会地での淮木伐採は先祖代々日常的に営まれてきたからである。また、そうして手に入れた物資はすべて最低限の生活必需品であった。だから農民たちはどれほど禁止されてもかつての慣習的な日常事を止めたがらなかったのである。

一八～一九世紀には、オランダから南ドイツにかけてのライン川流域で、またそこからドナウ川流域にかけて、数々の盗賊団が盛衰した。たとえば一八世紀後半には、ライン川一帯で活躍したライン強盗団、ウェーザー川中・上流を縄張りにしていた客馬車強盗団、ネッカー上流、ライン上流、ドナウ上流を猟場にしていた南西ドイツ強盗団、アーヘンからオランダ方面に拡大していた御者強盗団などが知られる。また一九世紀にさしかかるともっと大規模なものが出現する。その代表はオランダから中部ライン、ルール、ヴェストファーレン、ザール、ヘッセン南部を行動範囲とする大ニーダーランド強盗団である。そのリーダーであるシンダーハンネスは農民や漂白的労働大衆のカリスマであった。

彼らは堅固な城壁に囲まれた都市に住む領主や御用商人の館を襲撃し、蔵から金品を奪い取る。それを、いろんな手段を用いて余所に運びだす。彼らには周囲にたくさんの味方がいた。襲撃に際して集結する宿がある。そこの主人と強盗団とは相互に信頼しあっている。また、街道筋には追っ手を晦ましてくれる味方がいる。盗んだ品物を足のつかないところで販売してくれる商人たちがいる。こうして首尾よく強盗をやってのけた後、メンバーは三々五々自分の村へと家路につく。家では妻や子ども、老親たちが父や兄、息子の帰りを今かいまかと待ちわびているのである。

社会的な盗奪（ソーシャル・バンディット）は私的（プライベート）なそれと性格を異にし、いわば逆盗奪であった。私的なそれは私的所有権の侵害だったが、社会的なそれは〔社会的所有権の侵害としての私的所有権〕の侵害なのだった。農民たちは社会的所有権の回復を行なっているのである。それはかつて農民たちに帰属していたものだったから、奪いかえしていいのである。彼らは自分たちの仲間である農民からは奪わない。それは私的な犯罪行為なのである。そもそも村落の共有財産であった滌木を独り占めにした奴らからの逆盗奪だけが社会的なのである[20]。

その意味からすると、農民出身ないし彼らを支持者とする社会的強盗団は共同体としての現状に抵抗したのではない。新たに成立し出した個人主義的な社会秩序に反抗したのである。農業は元来集団的に営まれるものなので、農民が主体の社会や時代においては所有は集団的なのが相応しい。スペイン内乱当時（一九三〇年代）のアンダルシアに反国家的な農民アナキストが多かったのは、その地方が中世から共同体的絆を強く持ち、西欧・北欧的な市民主義・個人主義に馴染まなかったからである。

一八二〇年代にドイツのモーゼル河畔地方で農民による滌木盗奪事件が頻発したとき、一人のユダヤ系ドイツ人が農民弁護に奔走した。その人物はハインリヒ・マルクスである。そして、彼の活動を横目で見ながら成長したその息子がカール・マルクス（一八一八〜八三年）であった。息子のカールはやがて青年になると、慣習法に従って生活しているモーゼル河畔の農民を弁護するようにして、『ライン新聞』（一八四二年一〇月）に「木材窃盗取締法に関する討論」と題する記事を載せるにいたった。このときマルクスは未だ明確に共産主義を表明してはいなかったのだが、ライン地方の農民たちが新興の資本主義的な法制度に反対しているのを十分意識しつつ木材盗奪を弁護したのである。むろんモーゼル河畔の農民は自分たちの行ないが社会的なものだ、などと意識して裁判闘争を闘うわけではなかった。けれども、自分たちの行ないは先祖代々の慣習として正義に則っているという道徳心は持っていた。

昔から農耕は共同の儀礼と共同の耕作によって営まれてきた。それは個人経営には馴染まない。近世イギリスで開始した個人主義的・ヨーマン的農業経営はむしろ特殊である。まして今日アメリカで行なわれている石油づけの穀物生産は異常なもので、資源浪費のつけだけが回って来ている。農業はまるきりの個人主義だとうまくいかない。それは、一九世紀前半にフランスの思想家フーリエが考えたような、個人と個人が連合して成立するアソシアシオンの形態において営まれるのが一番よいのではなかろうか。

(3) 農民叛乱で動く中国史

中国の農民叛乱は、王朝の交代期にしばしば発生している。あるいは、農民叛乱が歴代王朝を交代させてきたと表現してもよいだろう。これらの叛乱のなかでまず最初に挙げられるのは、前二〇九～前二〇八年に起きた陳勝・呉広の乱である。これは、始皇帝が没した翌年、万里の長城防衛に動員された河南の貧農たちが、秦の一卒長陳勝と呉広に指導されて蜂起したことを端緒とする。この蜂起を契機として楚の武将の項羽および沛の農民の劉邦が挙兵し、まもなく秦は滅ぼされた。

外戚と宦官の横暴によって政治が腐敗し始めた前漢末から新の時代にかけては、農民叛乱が多発した。たとえば前二二年の潁川地方の反乱、前一八〜前一七年の広漢の鄭躬らの叛乱、前三年の関東の貧農・飢民による長安略奪などである。だが、そのなかでも大規模だったのは、王奔が建てた新に対する農民叛乱、いわゆる赤眉の乱である。後一七年、山東で蜂起した呂母の乱を契機とするこの反乱は、劉秀すなわち光武帝に平定されるまで約一〇年間続いた。

後漢もその末期には、大規模な農民叛乱に苦しめられた。一八四年の黄巾の乱がそれである。これは太平道と称する宗教結社と結びついていたため多数の信徒が叛乱に加わり、これを機に後漢は滅亡へと向かった。そののちの農民叛乱の歴史は、北魏末の五二六〜五二八年の葛栄の叛乱、隋末の高句麗遠征失敗を契機に生じた六一六年の叛乱を経て、唐末の八七五〜八八四年の大叛乱である黄巣の乱へと連なる。この叛乱は、まず河北で塩の密売商人の王仙芝が闇商人仲間と貧農を指導して蜂起したことから始まった。次いで、山東で塩の密売をしていた黄巣がこれに呼応して叛乱を起こした。それはやがて藩鎮勢力の独立、割拠を招き、以後、五代十国の下剋上の時代が開始された。

一〇世紀後半からの宋代になると佃戸制の発展によって小作農が増大したが、宋政府による収奪の強化は多くの農民叛乱を引き起こした。九九三〜九九五年の四川均産一揆や一一三〇〜

一一三五年の湖南均産一揆がその例である。前者は宋政府による茶の専売や重税に反抗する茶商・貧農・小作人などが起こし、指導者の名に因んで〝王小波・李順の乱〟という。後者はマニ教の影響を受けた均産教信徒が「均貧富」（貧富を等しくする）のスローガンを掲げて起こした宗教叛乱だった。

そのほか、一一二〇～一一二一年には浙江を中心とする方臘の乱が、同じ頃、山東では宋江の乱などが生じている。後者は、のちに元末から明初において施耐庵と羅貫中が、宋江の率いる一〇八人の義賊による農民革命物語として小説『水滸伝』にしあげた。南宋時代には江南の経済的発展がみられたためか、湖南均産一揆のほかは大規模な叛乱は生じていないが、元朝治下では、異民族支配への反発もあって再び農民の反抗が強まり、元末の一三五一年には紅巾の乱が勃発し、元朝を倒壊させた。

紅巾の乱のなかから台頭した朱元璋が建てた明朝の下では、大規模な農民叛乱が幾度か発生した。その一つは一四四八～一四四九年に福建で起こった鄧茂七の乱である。鄧茂七が指導した叛乱は、その乱の全過程を通じて佃戸層の主導による純粋な農民叛乱という性格をもっており、幾多の宗教叛乱とは基本的に異なっていた。また明末には、李自成が出て農民叛乱を指導し、ついに北京を陥して明を滅ぼしたが、まもなく清と呉三桂の連合軍に敗れ自殺した。明末清初には農民の反地代闘争や家内奴隷の身分解放闘争が多発した。前者は抗租運動あるいは頑佃抗租（運動）と称され、佃戸が小作料徴収に抵抗したものである。また後者は奴変と称され、官僚や地主に支配されていた家内奴隷が反抗したものである。そして清代後期になると、一七九六〜一八〇四年の白蓮教徒の乱や、一八五一〜一八六四三年の太平天国の乱、一九〇〇〜一九〇一年の義和団事件などが起こり、その結果、清朝は滅亡へと向かったのである。

なお、一九世紀中頃、太平天国の乱と並行し、華北を中心に農民叛乱が続発したが、これはもともと遊侠の集まりから生じた捻軍ないし捻匪という農民叛乱であった。この叛乱は、騎馬による遊撃戦や太平天国軍のような明確な指導原理や政治目的はもたず、土着性の強い一揆的性格を有していた。

こうして中国の歴史は農民叛乱で明け農民叛乱で暮れるという様相を呈しているが、その大半は陰陽五行説や神仙思想などを源泉にして発生した民間信仰に依拠する宗教結社が関連している。たとえば黄巾の乱は、あらゆるものは木・火・土・金・水の五要素からなり、その順で前者が後者を生み出していくという五行相生説に叛乱の大義を見いだしている。つまり、漢は火（色は赤）であったが、それに代わるのは土（色は黄）であるので、後漢末の農民叛徒たちは黄色い布を標識としたのだった。このとき彼らは、普段農耕上で営んでいる儀礼（cultus）を革命の大義として特別に執り行ったのである。

むすび

いつだったか、革新的な教育者の集まりでこんな発言を耳にし、心中で苦笑した覚えがある。昨今は日の丸掲揚等に象徴されるように、小・中学校の朝礼が次第に儀式化しつつあり、民主主義的な教育に反している。この批判は儀式・儀礼というものが何であるかということ、つまり儀礼の本質を知らない、的外れのものである。いかに民主主義的に営まれようが、およそ朝礼というのは潜在的に儀礼（cultus）なのである。戦後の朝礼は民主主義的に執り行う儀礼なのである。戦後の朝礼とて儀礼であることにおいて、戦前の朝礼と同一である。儀礼でない朝礼はない。前近代の農耕が何らかの儀礼によって営まれたように、近代における農耕以外の社会的行為も、すべからく何らかの儀礼によって展開してきたのである。したがって、儀礼という行為の意味を考えるのに農の思想はきわめて重要と言える。

ところで、儀礼は宗教ではない。宗教的に行為される儀礼はあるが、それらは同一ではない。宗教発生以前から儀礼は営まれてきた。儀礼は狩猟採集や農耕とともにある。道教研究者の酒井忠夫が強調するように、中国の民間信仰は生活そのものであって、儀礼は人びとが生活していく上で不可欠の現実的要素なのである。そこのところを誤認しないようにしたいので、今回「Cultus——儀礼と農耕の社会思想史」を辿ってみたのである。

注

(1) 藤堂明保『漢字語原辞典』学燈社、一九七五年、五六～五七頁。
(2) 布村一夫『正倉院籍帳の研究』刀水書房、一九九四年、五一八頁。
(3) 松村武雄『日本神話の研究』第四巻、培風館、一九八三年、五七五頁。
(4) フレイザー、永橋卓介訳『金枝篇』第三分冊、岩波文庫、一九九一年、一五〇頁。
(5) フレイザー『金枝篇』第三分冊、一六一頁。
(6) 石塚正英『フェティシズムの信仰圏』世界書院、一九九三年、参照。
(7) 石田英一郎『桃太郎の母』法政大学出版局、一九五六年、一八九頁。
(8) 宮島潤子『謎の石仏――作仏聖の足跡』角川書店、一九九三年、一八〇頁。
(9) 石塚正英『信仰・儀礼・神仏虐待』世界書院、一九九五年、所収。
(10) バッハオーフェン、岡道男・河上倫逸監訳『母権論』第一分冊、みすず書房、一九九一年、一〇六頁。
(11) ヘロドトス、松平千秋訳『歴史』巻一の一七三、岩波文庫、上巻、一三一～一三二頁。
(12) 石塚正英「母権とフェティシズム」、布村一夫ほか著『母権論解読』世界書院、一九九二年、参照。
(13) 石塚正英『ヴァイトリングのファナティシズム』長崎出版、一九八五年、三一頁。
(14) ヘロドトス、同上、上巻一五九頁。
(15) フレイザー、同上、第二分冊、一九九一年、二八一～八二頁。
(16) M. Dommanget, Pages de Babeuf, Paris, 1935, p. 255, p. 314.
(17) 石塚正英『アソシアシオンのヴァイトリング』世界書院、一九九八年、参照。
(18) 石塚正英『近世ヨーロッパの民衆指導者』社会評論社、二〇一一年、二一一頁以降、参照。

(19) ホブズボーム、斎藤三郎訳『匪賊の社会史』みすず書房、一九七二年、二頁。
(20) 石塚正英『ヴァイトリングのファナティシズム』参照。

第2章　身体のドローメナ
――デーメーテールとディオニューソス――

はじめに

二〇〇一年七月下旬から八月中旬にかけて、母神信仰の足跡をもとめて地中海沿岸を旅してきた。まずはイタリアのミラノに立ち寄って、市中のカテドラル（完成まで五〇〇年を費やしたあの荘厳なドゥオモ）を始め主としてマリア信仰に関連する文化財を見学する。それから拠点のマルタ共和国スリーマにいく。前年夏の首都バレッタ滞在に続いて二年連続のマルタ訪問になる。同島ではすぐさま、前年に調査できなかったイムナイドラ巨石神殿に出向いた。遺跡の外郭においては先史マルタの母神をもっともよく象徴する神殿である。ちなみに、これは二〇〇一年三月に何者かによって一部破壊された。

ただし、この年はマルタ共和国のみにかかわってはいられなかった。まずは北アフリカのチュニジア共和国へとぶ。イスラムの聖なる女性ファーティマ信仰の足跡を確認するため、サハラ砂漠近く先住ベルベル人の村落マトマタへいき、引き返して首都チュニスで同国最古のモスクを見学する。さらには、古代地中海海域で各地の女性たちに広く信仰されたディオニューソスの祭儀そのほかを調査するため、チュニス近郊の遺跡都市カルタゴにいく。マルタに引き返すや、今度はギリシアのアテネにとぶ。なにはさておき、パルテノン神殿下のディオニューソス劇場遺跡をアクロポリス丘の上から確認する。詳しい調査は後回しにして、ディオニューソスゆかりの島クレタにとぶ。クノッソス遺跡を訪問しラビュリントスを歩き、ギリシア神話世界のルーツに接する。アテネにもどるやディオニューソス劇場遺跡を再度調査した。それから極めつけとして紀元一六七年に造られたヘロド・アティクス音楽堂（ΩΔΕΙΟ ΗΡΩΔΟΥ ΑΤΤΙΚΟΥ Odeon Herod Atticus）でエウリピデス作『バッカイ』を観劇した。バッカイとはバッコスつまりディオニューソスを崇拝する女性信徒「バッコスの信女たち」のことである。

地中海域に母神信仰の足跡をもとめて行なった二度目の旅で、私は多くの成果を得た。その一端をここに文章化してみたい。題して「デーメーテールとディオニューソス」。デーメーテールとはギリシア神話に登場する豊饒の女神・母神であり、ディオニューソスとは上に記したように、古代ギリシア・ローマ社会において女性たちに熱愛された男神である。この二神を代表例にして地中海一帯の母神信仰を社会思想史的・宗教民俗学的に検討するのが、本章の目的である。(1)

一　デーメーテール信仰の足跡

（1）地中海海域におけるさまざまな大地母神とその信仰形態

比較宗教民俗学の立場からみると、全世界のキリスト教圏とりわけカトリック世界で現在も親しく崇拝されている聖母マリアは、メソポタミアと北アフリカを含む地中海海域に発生した様々な大地母神の一後継である。そのことは、二度のマルタ島・ゴゾ島フィールド調査でも実感した。[2]

現存する古代オリエント最古にして最大の文学作品『ギルガメシュ叙事詩』、旧約聖書の「ノアの洪水」の原型（洪水伝説）を含んではいるものの宗教色が少なくむしろ芸術性に富む英雄叙事詩であるこの『ギルガメシュ叙事詩』には、シュメール・アッカド時代（紀元前三〇〇〇〜二一〇〇年頃）に生まれた神々の幾つかが登場する。そのうち大地母神ないし女神はイシュタルに代表される。[3]原型のできたのが紀元前四〇〇〇年頃とされる『ギルガメシュ叙事詩』には、重要な女性としてギルガメシュの母親ニンスンが登場する。研究者クルーガーによると、ギルガメシュにとってニンスンは個人的な母親であり、彼女からの自立は必ずしも原型的な母親イシュタルからの自由を意味しはしない。[4]後者は大地そのもの、物質、自然そのものであって、それは死とも結びついている。ギルガメシュは、彼を倒すべく登場してきた自然人エンキドゥが文明に唆されてしまったがため死んでいくのを見て、自らも死を避けられないものと認識し、こうして母親の問題から生と死の問題に移っていくのだった。しかし、実のところ、その二つの問題はともに原型的な母親イシュタルとの葛藤をあらわしており、〈文明＝男＝死すべき英雄ギルガメシュ〉と〈自然＝女＝原型的な母親イシュタル〉とのかかわりをあらわしていた。

ところで、シュメールにおいてイナンナとも称されていたイシュタルは愛と美の女神であると同時に戦の女神でもあって、後にシリア地方ではアスタルテと称され、バビロニアではミュリッタと称された。(5) ギリシア神話のアフロディティー、ローマ神話のヴェーヌスにも相当するが、後二者には愛と戦の両義性はない。ただし、アフロディティーは軍神アレスと結ばれて愛神エロスなどを産むので、ギリシア時代におけるアフロディティーとアレスの関係は、もとはイシュタルにおいて一つであったものの分割と推測できる。

イシュタルに備わる特徴の一つに、完全に天界に住むのでなく、下界の人間たちと交渉しあう点がある。また、後のミュリッタなどに至ってはっきりする性格として、神聖娼婦の側面も備えている。そのイシュタルに誘惑されかかるギルガメシュ自身も半神半人の特性をもつ。父はウルクの神官で母は牝牛という意味をもつウルクの女神ニンスンである。これは先史の動物崇拝＝フェティシズムを偲ばせる神名である。(6)

メソポタミア出自の女神には、そのほか小アジアでヒッタイト人の崇拝した太陽神アリンナ、シュメール人の崇拝した大地母神イナンナなどがいる。後者はイシュタルに吸収されてこれと同じ女神となり、また旧約聖書の預言者サムエルの母ハンナを経由して聖母マリア（ユダヤ名ミリヤム）の母アンナの原型になったとされている。(7)

次にエジプトをみる。エジプトでもっとも有名な母神・女神にイシスがいる。大地母神イシスにはオシリスと称する兄がいた。イシスは世界の王オシリスを夫にむかえ、夫婦して世界＝エジプトを治める。また女性に小麦の栽培や機織りの方法を教えたりしてエジプトを文明に導いていく。しかし、オシリスの弟セトは姦計をめぐらして兄を殺し、遺体を刻んで箱に入れ、それをナイルに流した。そこでイシスはオシリスを探してナイルの流域を歩き、ついにオシリスが入れられた箱を発見するが、すでにオシリスは死んでいた。イシスは夫オシリスの陰茎を手に取って自分の体内に導き入れ、射精させて子を妊娠・出産する。そうして生まれた子ホルスは、成人するとセトを倒して新王に即位した。亡き父オシリスは冥界の管理者となった。

この筋書きは文明期のエジプトで仕上げられたものであって、先史エジプトにおける原話とは違うはずである。現在のところ世界各地の神話・伝承と比較して連想するしか方法はないが、先史エジプトでも大地母神は大地やそこから生まれる穀物それ自体であった。最初期に大地やそこから生まれる穀物それ自体だった母神は、やがて母の姿に似せて像に刻まれるようになり、儀礼においてそれが解体されるなどして、母神自体が物質的・肉体的に殺されるようになる。さらには、最初期に大地や穀物それ自体だった地母神は不滅の霊的な存在に転化し、その夫にされた神官＝王が地母神の霊を宿しつつ、霊が別の若き王に移る時ともなれば八つ裂きなどで殺されるのだった。ただし、イシスの夫とされたオシリスの原初的な形態は、神官などでなく、イシスを祀る集団とは別個の民族の神であり、とりわけ穀物神であった。元来は、イシスもオシリスも各々単独で信徒によって物質的・肉体的に殺されていたはずである(8)。

大地母神にかかわる上記いずれの神殺しも神の再生とセットになっているのであって、信仰の否定や宗教迫害という性質のものではない。むしろその逆であって、篤き信仰心のあらわれである。なお、先史から地中海海域一帯で崇拝されていた今一つの女神マートゥータについて、一八世紀フランスの比較宗教学者のシャルル・ド・ブロスは、自著『フェティシュ諸神の崇拝』中で次のように述べている。「フリギア人（この民族は東洋人でなくトラキアおよびマケドニア近隣からのヨーロッパ人移住民であるためここに引用しておくのだが――ド・ブロス）のマートゥータ女神、すなわちきわめて多大な畏敬と儀礼を伴ってローマへもたらされたこの偉大な女神は、不規則なかどをした黒い石であった(9)」。先史地中海海域の神々には初発の形姿が岩石や動植物など自然物だったものが散見されること、この点は以下の議論に大きく関わってくるので、ここに前もって特記しておく。ちなみに、ギルガメシュにおいては、森の杉の木が母親を象徴している(10)。

（2）デーメーテール信仰の特徴

ヘロドトスは、デーメーテールについて、こう記している。「イシスはギリシアでいえばデーメーテールにあたる(11)」。また次のようにも記している。「エジプト人の言うところでは、地下界を支配するのはデーメーテールとディオニューソスの二神である(12)」。ディオニューソスは、エジプトではオシリスに一致するので、本章のサブ・タイトル「デーメーテールとディオニューソス」

はエジプトでは「イシスとオシリス」ということになる。

さて、そのデーメーテールおよびその崇拝に関して、これまでにわかっていること、ないしはこれまでに主張されてきたことを以下に幾つか列挙しておく。まず、ジョージ・トムソンの発言を聞こう。

「ミノア母性神の一形態として、デメテルは結局のところミノア文化が多くの関連を持っていたところのエジプトから来たのであろう。彼女はカドモスとダナオスによって代表される二つの主要な道筋を通ってギリシャに到着した。前者はエウボイアを経てボイオティアへ、後者はアルゴスを経てペロポンネソスへ通過した。アッティカで両者は一点に集まった。デメテル・アカイアはボイオティアから、デメテル・エレウシニアはペロポンネソスから来たのである(13)」。

母神デーメーテールの出自はエジプトである、とトムソンは推測する。ところが、そのデーメーテールを崇拝した先史ギリシア人たとえばペラスゴイ人を、トムソンはエジプトからやって来たとはしない。

「ペラスゴイ人はどこから来たのであろうか。南からではない。クレタで彼らはEteokretesすなわち本当のクレタ人と明確に区別されている。そして南エーゲ海ではほかにはどこにも現れていない。また西南アナトリアからでもない。そこはカリア人とリュキア人に属していた。すべての兆候は北を指している——マケドニアの海岸ならびにヘレスポントスの入口に横たわっているサモトライケ、レムノス、インブロスの島々を。そしてわれわれはすでにヘレスポントスやプロポンティスを経てアナトリアの北岸に沿って彼らの跡をつけて来たのであるから、彼らの原住地をどこか遠く黒海のかなたに置いてもよい強い根拠がある」(14)。

神とかその信仰は、それのみ単独でなく、つねに信徒とともに移住する。信徒に見放された神は死んでしまう。したがって、デーメーテール信仰の存在するところ、必ずこの母神を崇拝する信徒たちが存在する。信徒が黒海方面から、神がエジプトからというのでは辻褄が合わないのである。それともトムソンは、ペラスゴイ人はギリシアに南下してきて初めて母神デーメーテールに出会った、と言いたいのだろうか。結論を引き出すのはあとにして、次の主張に移ろう。これは、デーメーテールとその信仰の出自にでなく、その信仰の特徴に関連している。語り手はカール・ケレーニイである。

「われわれがエレウシースのデーメーテール密儀の経験内容として想起できるのは、痛ましい、だが究極的には救済される母性であった。苦悩は母と娘、デーメーテールとコーレー、の対をなして現れた根源的＝一者の分離にあった。分離は強奪によって起こった。死と霊界は、冥府の花婿の形象をとって、この一対の本質的統一に介入した。とはいえ、母と娘を窮極の根底にある一体性で結びつけていた糸が切れたのは、たんに外見的なことにすぎなかった。この糸はいわば律動的な線、不壊の生の原像をかたちづくっていたのである。というのも、力ずくの結婚、冥府の介入に始まる苦悩には、歓喜すなわち再会と、神秘な子どもの誕生すなわち不断に継続する線の保証が続いたからである」(15)。

ギリシア神話では、デーメーテールは農業、穀物の神である。この女神は、大地母神ガイアとその息子ウラノスの母息子婚から生まれたクロノスとレアの、その二神の兄妹婚によって生まれた。ギリシアの神々はこうして近親性交で生まれるのであるが、そのデーメーテールもまた兄のゼウスとの間に愛娘コーレー（またの名をペルセポネー）を産む。しかし、この近親婚物語はすべて、〈ミュトス＝神話〉からの逸脱である。まだポリスを形成することのない先史ギリシア時代の人びとが語りだした〈ミュトス＝語られるがのままの物語〉、それは、語られるがままに残存している限りでこそミュトスなのである。そのとき、神々は近親婚にはない。しかし、幾つかのミュトスが合わさり文字で記録されるようになると、記録者（その多くは支配者かその代理人）によってロゴス＝狡知の介入をみることになる。そのとき、ロゴスは神々の近親婚を創作し出した。

デーメーテールは、最初エジプトか黒海のかなたかで崇拝されていた頃は、なによりもまず穀物の神であっただろう。接頭語の「デー」は、ガイアの語原「ゲー」と同じであり、大地を意味する。「デー」はまた、大地から芽吹く「穂」をも意味する。「メーテール」は「母（mater）」ないし「物質（materia）」を意味する。デーメーテールとは、ようするに大地母神、穀物の母神なのである。ここまでがミュトスである。それ以外のこと、たとえば誰それの子だとか誰それの妻だとかは、ロゴス＝狡知の介入をみた結果をさらけ出している。ケレーニイは、無意識ながら、デーメーテールをクロノス・ゼウスと結びつけるのでなく、コーレーと結びつけることによって、デーメーテールの中にミュトスを読みとっている。

デーメーテールは、黒海から地中海沿岸地域にかけて未だ母権制的農耕社会が優勢であった先史の頃に、アジア系諸民族に崇拝された母神なのである。その今日的残存を、我々は、たとえばマルタ島の先史巨石神殿とそこで出土した母神像において確認できる。また、デーメーテールがそのような単独神であった点に関する過去の歴史的証言として、以下に紀元前五世紀ギリシアのヘロドトスと紀元後二世紀ギリシアのパウサニアスの文章を少々引用する。

ヘロドトス「さてエジプト人のいうところでは、地下界を支配するのはデーメーテールとディオニューソスの二神であるという[16]」。「アポロンはエジプト語でいえばオロス（ホロス）、デーメーテールはイシス、アルテミスはブバスティスである[17]」。「デーメーテールの入信密儀……をエジプトから外国に伝え、ペラスゴイの女たちに授けたのは、ダナオスの娘たちであった[18]」。

パウサニアス「伝承によると、アルゴスから来たデーメーテールを、ペラスゴスが館に迎え入れ、またクリュサンティスが、コレの掠奪の様子を知っていて、女神に説明した[19]」。「エレウシスからは、もうひとつメガラまで通じる街道がある。この道を進んだところに、『花の盛りを育む水場』。パンポスの詩によると、デーメーテールはわが娘を掠われた後、老婆のような姿で、この水場のそばに座っていた[20]」。「アルテミスがデーメーテールの娘でありレトの娘ではない、という伝承がエジプトにあることをギリシア人に教えたのは、エウポリオンの子アイスキュロスである[21]」。

以上の引用から推測すると、古代ギリシア人はデーメーテールの出自をエジプトと考えていたようである。これとは別に、一八六一年に『母権論』を刊行しそのなかでデーメーテールを大地母神として高く評価したバッハオーフェンは、この女神をエジプトよりもクレタ島につよく結びつけている。

「母信仰におけるのと同じ理念はふたたびデーメーテールに回帰する。大地はその母性のうちでこの女神の完全に物質として考えられた内容を形成している。したがってクレタ島の犂が三度入れられた豊穣なる休耕地で、デーメーテールがイーアシオスと、すなわち不死なる女神が死すべき人間の男と愛し合った、ということはクレタ島における母権を理解するには重要である。……イーアシオスはデーメーテールにとっては種を播く者にすぎない」(22)。

ギリシア神話に登場する神々は、すでに先史時代に長く地中海沿岸に定住したセム系諸民族が信仰したものを最古の部類とする。これにはリビアやエジプトを含む北アフリカ沿岸から持ち込まれたもの、シュメール人などの居住するメソポタミアから伝えられたものが多い。地母神・女神を中心としており、前述のマルタ島・ゴゾ島に現存する巨石神殿とそこで出土した母神たちは、その部類の一典型である。農耕を生業とし母神信仰の盛んな上記諸地方から地中海沿岸への民族移動が継続したということである。デーメーテールの信徒はこの時期にクレタ島を始めとして地中海沿岸諸地域にやってきたと見られる。そのあと、カスピ海から黒海にまたがるコーカサス地方を先住地とするらしいインド・ヨーロッパ系諸民族がバルカン半島南部へと南下してきた。彼らは遊牧を生業とし、母神や女神たちよりも父神ないし男神を崇拝していた。それが、南下する過程であるいは地中海海域に定住する過程で、先住民の母神・女神を父神の神統記におさめ、パンテオンに合祀していったのである。

そのような母神・女神の一代表であるデーメーテール信仰の特徴について、社会思想史的・宗教民俗学的な観点から以下にまとめておこう。ギリシア神話において彼女は、クロノスとレアの子でゼウスの姉となっているが、それは後続ギリシア人が紡ぎだした後日談にすぎない。先住諸民族の神としては農耕儀礼で祀られた豊穣の神である。「デー」はガイアと通じ「大地」を意味する。また「メーテール」とは前述のように「母」であり「物質」である。近代に至って「唯物論（materialism）」を派生することになる語である。バッハオーフェンによれば、デーメーテールの名は先史クレタ島では知らぬものがいなかった。

「我々はギリシア以前の文化の秘めていた真の偉大さを知ることになるが、実は、デーメーテール信仰とその秘儀、およびその聖俗両面にわたる女性統治（ギュナイコクラティー）のなかにこそ、後代の発展によって摘み取られ、多くは衰退してしまったところの、そのもっとも気高い文化の萌芽があったのである。……母性の秘儀の方が古く、ギリシアは宗教的発展の上では後の段階に属している。前者ではなく後者こそが堕落だったのであり、宗教の平板化だったのであり、現世のために彼岸を犠牲にし、形式の明瞭性のために崇高な希望の神秘の闇を犠牲にしてしまったのである(23)」。

デーメーテール信仰は厳密な意味では宗教ではない。ときに呪術を伴う儀礼である。生活儀礼、農耕儀礼である。儀礼と宗教は同じではない。儀礼と呪術は、あえて喩えるならば、先史における生産様式の一つである。また、デーメーテールには地下と地上とを行き来する娘ペルセポネーがいるが、その娘はいわば母デーメーテールのクローンである。この二神に共通する性格として、死者の世界と生者の世界を往復する点が指摘できる。この母娘女神信仰は、そのオリエント的原風景においては、自然界ですべてが転回していた。すなわち最初期のデーメーテール信仰は、春に芽をふき夏に繁り、そして秋に枯れて冬に死滅する植物が、必ずや翌年の春にはふたたび新芽をふくという、植物の自然的営みに対する崇敬に源を発している。そこではいまだ地上と分離された地下という観念は成立していなかったし、超越的な観念も存在していなかった。むしろ端的に植物それ自体か、あるいはせいぜい植物に宿る霊への崇拝としてあったのである。

(3) マリア信仰への道筋

さて、そのような特徴をもつ先史オリエントの女神たちは、やがてエジプトやメソポタミアに高度の古代文明が生まれ、絶対的な権限をもつ神官を介していと高き神々が人びとの頭上に君臨するにしたがい、その姿を自然神から人格神へと変貌させていく。そして紀元後キリスト教が各地に伝播するや、地中海沿岸各地に散在していた土着の母神・女神たちは、やがてキリストの母、聖母マリア信仰に習合していくことになる。その過程を以下において概観しておく。

先史地中海海域においてひときわ母神信仰の盛んであったマルタ島・ゴゾ島には、現在マリア信仰が生活宗教として日常化している。なるほど、ドアノッカーとしてファーティマの手がついている家があるものの、その数は多くない。それに対して、聖母子像をあしらったレリーフをドア脇の壁にはめ込んでいる家は数多い。日本の例でいうと路傍のお地蔵さんのようにして、マルタ・ゴゾにはここかしこに路上のマリア様がおわす。マリア聖堂、マリア教会の数もきわめて多い。[24]生地ポーランドのマリアをはじめヨーロッパ各地のマリア像を拝んで余念のない現ローマ法王ヨハネ・パウロ二世は、過去に二度マルタ共和国を訪問し、同国のマリア諸教会でミサを捧げている。

地中海海域には、もともと聖母マリアのような「汚れなき女神」はまず存在しなかった。オリエント全域で信仰されたイシュタル、そのシュメール版イナンナ、カナーン版アスタルテなどは大なり小なり、愛とか美よりは官能の女神であり、慈母のまなざしよりは子殺しの目つきを特徴としていた。バビロンのミュリッタは別格として、ギリシア最大の美の女神アフロディティーでさえ、官能的な魅力で男たち、たとえばトロイの王子パリスを虜にした。ローマ最大の貞女ユノでさえ、夫ゼウスへの嫉妬にくるって種々の謀略をもちいた。よし、先史の女神たちにも愛があったとして、それはあくまでも官能とセットになっていた。ところが、キリストの母マリアにいたると、愛と官能は一刀両断にされ、後者は罪とか汚れとかの烙印を押されたのである。

マリアの原像は、これを新約聖書に求めても無駄である。パウロがはっきり言っているように、イエスを生んだ女性は、当初、マリアという名であったかどうかさえ、わからない。パウロいわく、「時の満ちるに及んで、神は御子を女から生まれさせ、律法のもとに生まれさせて、おつかわしになった」(ガラテア人への手紙四―四)。ただの女でしかなかったイエスの母は、四福音書ではじめて「マリア(ミリヤム)」と記されるに至る。けれども、彼女はその後もずっと人間であり続ける。神を生んだ存在であるから特別扱いされはしたが、自身が神になれるわけがなかった。死ぬときは汚れある肉体を伴っては天国に昇れなかった。では、死後マリアはいずこへ行ったか。天国へいったのである。では、彼女の肉体は？　肉体ともども天国へ召されたのだ。これを「マリアの被昇天」という。

じつは、この「マリアの被昇天」にこそ、マリアの原像が垣間見られるのである。カトリック世界では、毎年八月一五日を聖母被昇天の日ときめ、様々な儀礼を執り行なってきている。その起原は五世紀頃にさかのぼる。当時エルサレムではテオトコス(神の母)を祝福する儀礼が八月一五日に行なわれていたが、六世紀になると同じ八月一五日が東方教会でマリア死去の日として祝われるようになった。それがさらに七世紀には西方教会にも受け継がれ、やがて八世紀になると、こうしたマリアにまつわる儀礼は「マリアの被昇天」としてキリスト教世界に認知されることとなった。

その間、中世を通じて人びとには、テオトコスが天国にいるということは疑い得ない真実であったが、しかし、マリアはけっして神でないこともまた動かしようのない事実であった。死に臨んで、人間マリアの肉体は地上においていかねばならない。彼女は肉体を備えて天国にいくことはできない。さらには、わかりきったことだが、マリアは神でないのだから、理屈でいけば自身では昇天できない。神に昇天させてもらう、つまり被昇天しかできないはずである。だが神の母だから並の人間でなく、自身で昇天できたのだろうか？　こうした議論を総合すると、マリアの被昇天は霊だけなのか肉を付随してのことなのか、なかなか決着がつかないことになる。この一件が片づいたのは、なんと二〇世紀半ばである。時の教皇ピオ一二世は、一九五〇年に、マリアは霊肉ともに天に上げられたことを教義として宣言した。

この肉を備えての被昇天という発想は、じつに先史的である。先史において、霊界と地上界を行ったり来たりする神々はよく肉体を備えている。たとえばデーメーテールの娘ペルセポネーは地上で母と半年暮らすと、残りの半年は冥界の王ハデスのもとで過ごす。また、そのペルセポネーと地下で半年暮らすアドーニスは、残りの半年を地上で女神アフロディティーとともに暮らす。二人とも美しい肉体をもち、前者は美女で後者は美男子である。さらには、日本神話におけるイザナミ母神はカグツチ出産後に死んで黄泉の国に降りるが、夫イザナギ父神が彼女を迎えに下ってきたとき、彼女の肉体は醜く腐乱していた。こうした例は、まだ天国とか地獄を知ることのない神話世界での物語であるから、マリアの被昇天とそのまま比べることはできないが、聖母マリアが、先史において肉体をもって霊界と地上界を移動していた母神の後裔であるという推測は可能であろう。

それはそれとして、カトリック教会はなぜ一九五〇年に至るまで霊肉論争に決着がつけられなかったのか？　その背景には明らかに、中世を通じて農村的下層社会に潜在し続けてきたフェティシズムと称する神観念がある。ここにいうフェティシズムとは、先史以来の自然信仰の残存形態であり、次のような特徴をもっている。つまり、元来、神とはなによりもまず石塊や獣、樹木、あるいは麦穂や葡萄などの自然物であった。それがそのまま神であった。それらを信徒たちは、ある時はトーテム神として崇拝しつつ、またある時は肉体をもった神としてその肉を食べた。たとえば、デーメーテールは麦穂の姿で崇拝され食され、ディオニューソスは葡萄の蔓か葡萄酒の形で崇拝され飲みほされた。その際、麦穂はデーメーテールという神の代理物ではない。麦穂それ自体が端的に神なのである。人びとは、自分たちの生活や生業にかなった姿格好の自然物を選択し、神とするのだった。したがって、彼らに不幸しかもたらさないとなったら、その神は折檻されたり、捨てられたり、あるいは場合によったら殺されたりした。さらには、儀礼として前もってか最終的にか、一年に一回、定期的に殺され再生するよう運命づけられる神も出現した。(25)

マリアは毎年殺されることはないが、その子イエスは一度だけ殺されることに運命づけられていた。そのイエスはパンの肉体と葡萄酒の血液を備えていた。どちらについても、信徒たちに食されるよう、イエスの遺言がついていた。こうしてみると、なるほどデーメーテール（麦穂＝パン）とディオニューソス（葡萄酒）はマリアにでなくその子イエスに結びつくことになったのだが、しかしそのイエス＝神を産んだ母であるマリアにも、かつての農業的大地母神の面影が色濃く残存していて当然なのであった。

二　ディオニューソス信仰の足跡

（1）地中海海域におけるディオニューソス信仰

ギリシア神話によれば、ディオニューソスは二度生まれている。一度目は、オリンポスの主神ゼウス（蛇の姿）とデーメーテールの娘ペルセポネーの子として生まれた。神話は史実をある程度反映する。すなわち、先史の社会組織に相応しい婚姻形態である族外婚に即して、ディオニューソスはギリシア系民族の父神と非ギリシア系先住民族の母神から生まれたのである。

この第一ディオニューソスはティターンに襲われ牡牛の姿で逃れるものの、捕らえられて八つ裂きにされて食い殺された。その時、心臓だけはアテナに救い出され、これをゼウスが嚥下した。嚥下後のゼウスとテーバイ王カドモスの娘セメレー（彼女は人間）との間に、以下の経過でもって第二ディオニューソスが生まれる。すなわち、人間の姿に変装したゼウスはセメレーに近づき、ネクタル（神水の意味）に第一ディオニューソスの心臓を混ぜ、酒だといってそれを呑ませた。それがもとでセメレーは第二ディオニューソスを懐妊する。それを知ったゼウスの妻ヘーラー（ギリシア神話ではゼウスの妹でもあるから両神は同族婚の関係にある）は以下の策を練ってセメレーを死に追いやる。すなわち、ヘーラーはセメレーをそそのかして雷神であるゼウスにセメレーの前に正体を見せるよう仕組んだ。するとゼウスは雷光の矛をもって本性をあらわし、それがため人間であるセメレーは焼き殺されたのだが、第二ディオニューソスは神ゼウスの胎児であるため未熟児ながら死なず、ゼウスは我が子を太股に縫い込んで育て、月満ちるのを待つ。やがてゼウスの太股から第二ディオニューソスが無事に生まれた。

こうして誕生したディオニューソスは、ひとまずカドモスの娘イーノーに育てられるが、しかしイーノーはヘーラーに狂わせられ殺された。そこでゼウスはディオニューソスをニューサ（一説にトラキア地方とされるが不明）山頂の洞窟でニンフたちに養育させた。そのようにして成長したものの、ディオニューソスはこんどは彼自身がヘーラーに狂わせられ、エジプトとシリアを放浪する。そして小アジアのフリュギアで大母神キュベレー（一説にレアー）によって癒され、彼女から密儀を伝授された。その後彼はハデス（冥界）から母セメレーを連れ戻して彼女の被昇天を行なった。

ところで、ディオニューソスという名称の由来は、あまり当てにならない一説によればワインにあたるギリシア語「オイノス Oinos」を二つかさねたものを意味する。(26) この、ブドウやワインに関連する意味でのディオニューソスを、ここでは酒型ディオニューソスとしておく。

次に、多少とも当てになる一説によればディオニューソスとは、「ゼウスとニューサ出自の神」という意味である。(27) こちらは、ワインにでなく、女性に深く関連する。この、女性に関連する意味でのディオニューソスを、ここでは女型ディオニューソスとしておく。

そのほか、また、この神はオルペウス教における「ザグレウス（狩人）」と同一であり、クレタ島ではまさしく「ザグレウス（狩人）」と呼ばれていた。そのわけは、この神は――ザグレウスもディオニューソスも――野獣を捕らえ生肉を引き裂いて食べたからであるとされる。この、生肉食に関連する意味でのディオニューソスを、ここでは肉型ディオニューソスとしておく。

神の名に関するあまり当てにならない方の一説（酒型）に相応しい議論をすると、ディオニューソスは、ギリシア世界では豊穣とブドウ酒の神とされる。そのわけは、成長したディオニューソスはアッティカ地方にブドウの木をもたらし、栽培と収穫、ワイン醸造法を授けたと伝えられるからである。あるいはまたディオニューソスは、ときにエジプトの豊穣神オシリスと同一視された。ディオニューソスが元来豊穣神であったため、関連する植物の種類は違おうと、エジプトの豊穣神オシリスと習合したのであろう。

神の名に関して多少とも当てになる一説（女型）に相応しい議論をすると、ディオニューソスは、クレタ島でアリアドネーと結婚したことになっている。ギリシア神話によると、アリアドネーは、ゼウスの息子でクレタ王になったミーノースと、太陽神ヘリオスの娘であるパシパエとの間に生まれた。彼女は、クレタ島に住む牛頭人身の怪物ミーノータウロスを退治するため同島にやってきたテーセウス（アテネ王アイゲウスの息子）に恋をする。しかし彼女はナクソス島でテーセウスに捨てられ、かわりにディオニューソスに好かれて四人の子を産む。

ところで、ギリシア神話に出てくるアリアドネーという名は、本来クレタ先住民に崇拝されていた女神の添え名にすぎない(28)。また、アリアドネーの原型となった女神はギリシア系の出自ではないのである。ここには族外婚の形跡がかいま見える。さらにまた、ギリシア神話の上でアリアドネーの父とされているクレタ王ミーノースはゼウスとエウローペを両親とするが、そのエウローペは、フェニキア王アーゲーノールを父とした。すなわち、ミーノース王の両親は異民族どうしであって、そこにも異民族間の結婚＝接触すなわち族外婚がかいま見られるのである。ちなみに、先史地中海一帯に営まれた族外婚の秩序は、前節「デーメーテール信仰の足跡」に示したような母神信仰ないし母権的宗教として現象していた。

ところで、判明しているかぎりでの史実を追認すると、アリアドネーゆかりのクレタ島には、ギリシア文化を完成させたドーリア系ギリシア人上陸以前に、およそ次の先住民が生活していた。①エテオクレース人（征服されてしまったクレタ先住民の一つ）、②キュドニア人（独自の言語をもつクレタ先住民）、③テッサリアからわたってきたとされるペラスゴイ人、④ミケーネ文明を築いたアカイア人（人種はギリシア系）。そうした諸民族の交叉する地中海海域でギリシア神話は形成されたのである。その先住民のいずれかは、必ずや牛を神としていたはずである。その牛民族はいずれ他民族に支配され、最終的には ギリシア人に支配されるようになった。牛頭人身の怪物ミーノータウロス退治の物語は、そのような諸民族興亡史から生まれたはずである。

ギリシア神話は、先史地中海海域に実際に存在したさまざまな社会制度や慣習がもとになり、それらが神々の物語へと詩的に昇華されたものである。しかし、侵略併合や民族統一などを経てその幾つかが合体すると、物語の背景や時期的地理的系統が複雑化し神話の出自判別は困難になった。そのような状況を背景にしつつ、後に有力となった民族や王朝は自己の正統化に役立つよう、物語を再話し辻褄あわせを行なったのである。なるほど、過去おおかたの民族・地域において、大神——日本の場合ならアマテラスなど——については、「多種多様なるものを単一なるものに還元しようとしばしば試みてはみるものの、そこではいつも全体の意味が滑り落ちてしまった」[29]。そうであるにもかかわらず、物語の再話、辻褄あわせはすすむのだった。

そのような再話・辻褄あわせを考慮しつつ、数千年の歳月を経て地中海海域に刻印されたディオニューソス信仰の足跡に関して、多種多様な諸像を復元するよう心がけながら整理すると、以下のようになる。

まずは酒型ディオニューソスに関して。ディオニューソスは酒——とくにワイン——に酩酊する神、忘我の狂気に酔いしれる神である。最初期のディオニューソスの原像には、そのような特徴はあったのであろうか。あったとすれば、確認の糸口は、先史から地中海各地で行なわれてきた生活上や農耕上の儀礼・祭儀に見いだしうるはずである。つまり、この神は、酒に酩酊する神ないし忘我の狂気に酔いしれる神を必要とする地域ならどこにおいても、祭儀のなかに出来しておかしくないのである。ブドウ栽培ないしワイン造りは、先史以来、地中海沿岸地方でさかんだった。四大文明発祥地に数えられるエジプトやメソポタミア地方では小麦など穀物栽培が普及し、ワインでなくビールの醸造が発達した。なるほど、ディオニューソスはワインの産地に登場しはするが、ビールの産地にはほとんど登場しない。

ヒュー・ジョンソンによると、ワインの原産地はグルジア、アルメニア、アナトリア付近、通常トランスコーカサスと称される地域である。したがって、ディオニューソスはその一帯に出現したとみてもいい[30]。古来、ワインは薬用に用いられた。「ワインには、現代よりも私たちの先祖たちにとってはるかに重要であった。二、三の特性がある。医学の歴史の中で二〇〇〇年もの間、ワインは世界のどこにでもある、しかも唯一無二の消毒薬だった。傷はワインで洗い、水もワインを混ぜたら飲めるようになった。ワインはその後一九世紀になるまで、医学的に欠かせないものだった。ユダヤ教の聖典『タルムード』にはこういう一説がある。『ワインがなくなれば薬が必要になる』。また同じ頃〈紀元前六世紀〉インドの医学書には、ワインは『心と体の活性剤であり、不眠と悲しみと疲労を癒し、食欲と幸福感と消化を促進する』と書かれている[31]」。推測するに、とにかくワイン造りの伝播ルートに即して、ディオニューソス信仰も移動したのであろう。

そのような推測に従うならば、地中海沿岸でいずれディオニューソスと称されることになる神の像は、最初はきっとブドウ房かブドウ蔓草の類であったと考えてもよい。グルジア南部のトリアレティで出土した土器などの遺物中には、紀元前三〇〇〇年頃に造られたと推定される〈銀の装飾に包まれたブドウのつぼみ〉がある[32]。

世界各地、諸民族の地方神は、おおかた具象的であった。あるものは生命を維持するための食糧であり、またあるものは生命を脅かす猛獣や怪物であったりする。一九世紀の後半になれば人類学上トーテムと称するようになる具象神である。しかし、こうした具象神を、一八世紀半ばフランスの比較宗教学者シャルル・ド・ブロスはフェティシュと呼んで、それに特別の意味を添えていた。一九世紀の概念である「トーテム」ないし「トーテミズム」は、神の形像よりも神の霊魂を重んじた。それに対して、ド・ブロスの定義では、神は形像と霊魂とに分離できず、その全体で端的に神なのである。(33)

ディオニューソスは、もし本当にブドウないしワインの神として生まれたのであるならば、それは必ずやブドウ房かブドウ蔓草の姿をした神であった。そうではなく、あとでブドウないしワインの神と習合してブドウ房かブドウ蔓草の姿になったのであれば、その姿になる以前には、何か他の具象的な姿をしていたと結論できる。そこで、次節以下においては、酒型出自でないディオニューソス、つまり女型と肉型のディオニューソスに関する解説に進んでいきたい。

なお、この神は、ローマ神話では「バッコス」ないし「バッカス」と称される。その名は、次節において頻出することになる。

(2) アテネのディオニューソス劇場遺跡

女型と肉型のディオニューソスをテーマとするに際しては、地中海沿岸でもとりわけギリシアに注目するべきである。

パルテノン神殿を戴くアテネ市アクロポリス丘の崖下には、現在もなおディオニューソス劇場遺跡が存在している。ギリシア劇を催すために建造されたこの大劇場は、紀元前四世紀の政治演説家デモステネスが、反マケドニアの国威復興の精神的象徴として産み出したものである。この劇場では、アテネ市民の誇りである劇作家アイスキュロス・ソフォクレス・エウリピデスの作品が好んで上演された[34]。

アテネでギリシア劇が最初に上演されたのは紀元前五三六年、アゴラにおいてのことだった。その後、アクロポリス丘南側に劇場が建設されて本格的に悲劇・喜劇が上演されだした。それをデモステネスが紀元前三五〇年頃になって、大々的に修復して、約一七〇〇〇人を収容できる大劇場になったのであった。中央の舞台はローマ時代になってさらに修復されたという。ちなみに、二〇〇一年夏に私が見学したとき、ディオニューソス劇場祭壇に向かって右下方の一角にディオニューソス像がたくさん安置されていた。その一帯はおそらく、かつて二世紀ギリシアの旅行家パウサニアスが『ギリシア記』に書いたディオニューソスの一番古い神域に隣接していたであろうし、私が見た大理石像たち――そのすべてが後代の諸宗派の迫害をうけ、顔を中心に破壊されている――は、すべてディオニューソスの一番古い神域に存在した像たちであろう[35]。

「ディオニューソス大理石像」（右は筆者、2001 年夏）

この劇場では、とくにその名のとおり、ディオニューソスにちなんだ催し物が定期的に挙行された。大ディオニュシア祭である。この大祭には、アテネの完全市民である成年男性のみならず、見方によれば奴隷とかわらぬ身分であった女性や子ども、それればかりか、文字通りの奴隷身分までもが参加を許された。大ディオニュシア祭は、文明を象徴する都市的家父長的ポリスの祭典である前に、先史を彷彿とさせる氏族的母権的共同体の儀礼だったのである。

ギリシアの古典芸術と宗教儀礼について研究したイギリスのジェーン・ハリソンは、ディオニューソスと大ディオニュシア祭に関連して、次のように分析している。「年々ギリシアのいろいろな村で実際の神聖牛が見られ、そしてこれらいろいろな神聖牛の記憶、すなわち年ごとにただふたたび生まれんがために死ぬ神牛の記憶から、一歩一歩『牡牛精霊』または『牡牛ダイモーン』の心像が生じ、最後に『牡牛神』ともいうべきものが生じたのである。この考え、この観念conception の発達には、ある場所では神聖牛に付き添う踊り手たちが牡牛または牝牛に扮装していたという事実が与って大いに力があったに違いない。ディオニューソスの女信徒たちは神を模して牡牛の角を頭につけたと聞く。なんとなれば、この神は牡牛の頭を持つ姿で描かれているからである(36)」。

酒型出自でないディオニューソス、つまり女型と肉型のディオニューソスに関する解説にとって、このハリソンの説明は大いに参考となる。先史の儀礼とそれによる神観念の発生をド・ブロスに即して説明することがもっとも事実に近いと考える私は、地中海沿岸のいずれかの集落住民が、近間にいたある牛に儀礼を施すことにより、その特定の牛を自己の部落神、「実際の神聖牛」として選定したのであろう。ディオニューソスの最初の姿は、牛であったと推定できる。クレタ島クノッソスに君臨する牛頭人身のミーノータウロスは、先史先住民の具象神信仰のなれの果ての姿、文明ギリシア人による怪物化の究極の姿だったと見てよい。

既述のように、私は、二〇〇一年夏、ディオニューソス下劇場の西側に紀元一六七年に造られた直径三八メートルの半円形劇場へロド・アティクス音楽堂でエウリピデス作『バッカイ』を観劇した。三二段のテアートロン（観客席）をもち五〇〇〇人収容できるこの劇場に、私はいたく感激したが、その時演じられた「バッカイ」で、バッカイつまりディオニューソスを崇拝する女性信徒たちは、たしかに動物の生肉を引き裂いていた。

ある牛飼がテーバイ王ペンテウスに報告している。「朝日の光が地面をぬくめながらさし始めるころでございました。私は牛の群れを山の牧場に追っておりました。そのとき三組にわかれた信女の群れが私の眼に入りました。一組をアウトノエさま、別の組を（ペンテウスの）御母上アガウエさま、残りの一組をばイノさまがそれぞれ率いておられました。みんな疲れ切って眠っております。あるものは樅の木立に背をもたらせ、あるものは樅の葉陰で思い思いに地面に伏して眠っておりました。しかし殿様（ペンテウス）の仰せられたような、酒に酔い、笛の音にいきり立って森の茂みで淫らな真似をしたような気配はなく、みな慎ましく振る舞っていっこうに乱れた様子はございませんでした。牡牛の声に目覚められたか、御母上は、信女らのまったただなかに立ち上がられ、一同に目覚めて起きよと、大声に叫ばれました。女たちはいっせいに、眼から眠りをはらい落として立ち上がりました。老いも若きも、まだ嫁がぬ娘も交えて、その規模のよさは、まったく驚くばかりでございます。まず髪をとき肩まで垂らすと、こんどは小鹿の皮の結び目の解けたところを結び直し、帯に代えて、ひらひらと舌を閃かす蛇を、その斑の皮衣に締めたのでございます。中には仔鹿や狼の仔を抱いて白雪の乳を飲ませているものもおります。産んだばかりの赤児を家に残して、乳のはった女どもでございましょう。常春藤《きづた》に樫、または花咲くミラクスで編んだ冠を頭に挿し、一人が杖をとって岩を打つと、その岩から清らかな水がほとばしります。また一人が杖を大地に突きさせば、神の業か、葡萄酒が泉のごとく湧いてまいります。また乳を飲みたく思うものは、ただ指さきで地面を掻けば、たちまち乳が吹き出てまいりますし、常春藤を纏わせた杖からは甘い蜜がしたたり落ちる有様。殿様ももしその場においでになって、このさまをごらんになっておりましたら、今こそ悪しざまに申しておられますが、この神様の前にひざまずいて祈られたに相違ございません。（中略）

……さて女たちはいつものきまった時刻になりますと、杖を振り振り、口を揃えてゼウスの御子をイアコスよ、ブロミオスと呼ばわりつつ、踊りはじめたのでございます。すると全山ことごとく、獣らまでがともに踊り狂い出し、動かずに止っているものは一物とてもございません。

（中略）

私どもは逃れて、からくも信女らに八つ裂きにされる憂き目を免れましたが、女たちは草を喰んでいる牛の群れに、素手のまま躍りかかってゆきました。一人が乳房豊かな牝牛の仔を、鳴き吼えるのも構わず、引き裂いて両の手にかざすかと思えば、また他の女らは、牝牛の体をバラバラに引き裂いております。殺された牛の胴や、蹄のさけた脚などが、あちこちに散らばり、また樅の枝に懸って、垂れ下がっている血まみれの肉片もございます。一瞬前まで傲然と、怒りを角に表わしていた牡牛ですらが、女たちの無数の手にとられ、たちまち地上に屠られてしまいます。殿様がまばたきなさる間よりも早く、女たちはその肉をちぎってしまったのでございます(37)」。

そのほか、『バッカイ』には、たしかに生肉を食べる場面の描写もある。コロス（バッコスの信女）が話す次のセリフがある。「好もしき髪の姿よ、奥山に／信女の群れの馳せ交うさなか。／生身をば大地に俯したもうとき。／小鹿の皮は神の衣／生きながら裂きたる羊の血をすすり、／生身を喰う楽しさよ(38)」。とにかく、ここに記述された騒然たる様相を考慮すれば、生肉と女、これこそがディオニューソス崇拝を分析する際の、第一のキーワードであると言って過言ではない。ブドウやワインなどではない。それらはせいぜい第二か第三の脇役的キーワードにすぎない。

アテネのディオニューソス劇場遺跡を訪ね、テアートロン最上段に登って祭壇を覗き見し、振り返って半円形舞台を見下ろした私には、それは端的な結論に思えるのである。ディオニューソス劇場のテアートロン最上段の岩肌に、大小合計四つの祭壇跡が穿たれて残存している。そのうち最大のものの内部には、現在はマリアとかキリストの図像が張り付けられている。むろん、この神像図は後世に持ち込まれたものである。キリスト紀元以前には、大ディオニュシア祭の主神ディオニューソス像が掲げられていたと推測できる。その大祭の出し物が『バッカイ』であるとなれば、主神ディオニューソスは第一に女型・肉型であり、酒型（ブドウ型）は第二であった。

(3) ディオニューソス崇拝の特徴

さきほど言及した研究者ハリソンは、かの名著『古代芸術と祭式』において自説を説得力あるものとするに際して、傍証のサンプルをギリシア神話に拾うほか、世界各地に民俗学的な資料を求めている。その両方の目的にかなう文献として、彼女は第一に同国人ジェームズ・フレイザーの大著『金枝篇』を挙げている。「古代および原始祭式についての最もよい一般的参考書は、Frazer, J. G., The Golden Bough, 3rd edition, 1911. 本提要の実例の大方はこの本から採ってある。The Golden Bough の Part IV すなわち Adonis, Attis, Osiris を取り扱う部分は特に参照すべきものである[39]」。

フレイザー『金枝篇』初版は、すでに一八九〇年にマクミラン社から刊行されていた。その後彼は、一九〇〇年に第二版、一九一一年に一一巻からなる決定第三版を刊行した。ハリソンはこの決定第三版を利用したのである。第三版には、その後さらに一九一四年には索引と文献目録の補巻が追加され、一九三六年には補遺(二番刈り)が追加されて、ここに『金枝篇』は合計一三巻からなる完結版として完成することになった。

殺される神とその儀礼、あるいは、殺される老王の身体から若い新王の身体に移って生き抜く神霊・外魂とその儀礼――共感呪術・類感呪術――を研究テーマにすえた『金枝篇』、この著作に集約されるフレイザーの仕事は、大別して、二つの目的をもっている。一つは理論的なものであり、エドワード・タイラーが『原始文化』などで披露した進化主義的歴史観――人の考えは呪術的な段階から宗教的な段階へ、そして科学へと進歩する――およびアニミズム的宗教発展説を受け継ぎ発展させることである。そして、いま一つはケーススタディにかかわるものであり、世界各地で一九世紀までに残存してきたさまざまに学術的価値のある資料・史料――そのなかにはカニバリズムつまり人肉食も含まれる――を、当時においてかなうかぎり広範囲に蒐集することである。

以上の二つの仕事ないし目的のうち、前者の進化主義的人類史とアニミズム的宗教発展説は、二一世紀初の現在では、もはやそのままでは受け入れられなくなっている。ヨーロッパ中心主義と絡んで一世を風靡してきた単線的進化主義の立場は、いまやマルチ・カルチャリズムほかの提唱の前に昔日の勢いをなくしている。また、霊魂（精神）を身体から分離させるアニミズム説も、たとえばデカルトに始まるとされる近代の心身二元論・霊肉二元論がメルロ゠ポンティの主客両義的発想ほかによって克服されるという事態を受けて、あるいはまた、生態心理学や身体科学、ヒューマノイド研究における議論、脳は身体の外部にあるとの発想まで行き着く可能性をもつ議論に直面して、再検討を迫られている。

けれども、フレイザーの仕事は、以上の諸問題を考慮してなお、依然として、とてつもなく大きい。なぜなら、進化主義の克服にしてもアニミズム説の再検討にしても、その作業にとりかかろうとする場合、さまざまな証明の典拠となる根本資料・ケーススタディの一つとして、第一にこの『金枝篇』が存在するからなのである。(40)

ところでハリソンは、『金枝篇』に盛り込まれた上記二つの成果のうち、第二のケーススタディにかかわる業績を最大限利用することになる。その際、利用の中心は祭儀（儀礼）に関連している。神観念の形成について祭儀に注目するハリソンは、こう述べている。「神は明白に祭儀から出たのであった（The god manifestly arose out of the rite.）」。「神は祭儀から出てきた（The god arises from the rite.）」。「どの祭儀にも二つの要因しかない。すなわち旧態を脱すること、新態をとることの二つである。冬または死を運びだし、春または生命を迎え入れるのである。その中途でこちらにもあちらにもいないという過渡的状態があり、人は隔絶される。タブーのもとにあるのである（There are but two factors in every rite, the putting off of the old, the putting on of the new; you carry out Winter or Death, you bring in Sommer or Life. Between them is a mid-way state when you are neither here nor there, you are secluded, under a taboo.）」[41]

祭儀を契機とするハリソンの神観念生成説に従えば、ディオニューソスは春を迎える祭儀を通して生まれた。「ギリシア人もローマ人もともに元は春の祭りでもって彼らの年を始めたのであった。この春祭りこそ実にギリシア人に彼らの神ディオニューソスとそしてある部分彼の劇を与えたものであった[42]」。ただし、その祭儀を執り行なうのは、主として女たちである。バッカイ（バッコスの信女たち）である。また、春を迎えるための祭儀であるから、それは農耕儀礼にちがいなく、それによって生まれる神ディオニューソスは、農耕神にちがいない。

さて、では、この儀礼における最初の神体はどのような姿をしていたであろうか。フレイザーに依拠するハリソンは、たとえば「五月柱（maypole）」をあげる。「五月柱はもちろん最初はなにも切って乾かした柱ではなかった。その本旨は『よく芽の出た若枝』たるべきことであった。五月樹を運び入れる目的は生命と青葉の精を村につれてくることであった」[43]。そのように説明されると、農耕神ディオニューソスは、最初そのような樹木であったと推定してみたくもなる。しかし、エウリピデスの『バッカイ』に出てくるディオニューソスは、樹木でなく牡牛に関連している。信徒の女性たちは、儀礼において牝牛を裂き、あるいはまた羊ほか動物の生肉をむさぼり食べる。フレイザー『金枝篇』に相応しい表現をとるならば、バッコスの信女たちはカニバリズムを風習としているのであった。そうであれば、ディオニューソス神の最初の姿は牡牛かなにかの動物であっただろう[44]。そして、そのような私の推測は、実はハリソン自身のものでもあった。すなわち、ハリソンはすでに上記大ディオニュシア祭について引用した文章のなかで、「実際の神聖牛」→「神聖牛の記憶」→「牡牛精霊」または「牡牛ダイモーン」の心像→「牡牛神」ともいうべきもの、への変遷のなかにディオニューソス神の生成を語っているのであった。

これは酒型ディオニューソスでなく、女型と肉型のディオニューソス出現のコースでもある。ただし、ブドウやブドウ蔓の姿をしたワイン好きのディオニューソスという原姿がまったくありえなかったというわけではない。先に紹介した「五月柱（maypole）」の原型がブドウ樹であることも、可能性としては否定しきれないからである。

このように見てくると、原姿が牡牛であれブドウ樹であれ、ディオニューソス神の生成はフェティシズムによって説明するのが最良ということが判明した。先にも触れたように、フェティシズムには次の特徴がある。まず、フェティシュ信仰者は彼らの神であるフェティシュを自分たちで選ぶ。バッコスの信女たち（コロス）は、なにか身近なところから牡牛を連れてくるか、手頃なブドウ樹を切り出してきて、儀礼の場の中心におく。次に、その自然物の周囲を巡りながら、こう叫ぶ。「おお、主よ、主よ、われらの群れに加わりたまえ。おお、ブロミオス（ディオニューソス）」。ディオニューソスは応える、「地震《ない》の女神よ。大地をば揺り動かせよ[45]」。

この儀礼においては神（ディオニューソス）より以前に人間が存在している。フェティシュ神たるディオニューソスは、その信仰者（コロス＝バッコスの信女たち）が自ら選び取った生物・無生物（牡牛かブドウ樹）の自然な神であって、それ自身に超自然の能力はない。むしろ、バッカイは儀礼を通じて神に祀った牡牛をむさぼり喰って、肉体的に神と合体し、自ら神を体現する場合もある。また、牡牛ないしブドウ樹信仰者たるバッカイは、牡牛ないしブドウ樹それ自体（フェティシュ）をじかに拝むのであって、牡牛ないしブドウ樹は何かいっそう崇高な、霊的・抽象的な絶対者、真に崇敬の向けられている別物の象徴とか形代とかではない。

このように分析してみた結果、私は、ディオニューソス崇拝の特徴はフェティシズムで説明できると考える。

三　母神信仰成立の社会的背景

（1）ペラスゴイ的先史母権社会の信仰

古代ギリシアにおいてディオニューソス信仰は、アテネの北方二〇キロあたりに位置するエレウシスを媒介にして、デーメーテール信仰と深く関連している。都市国家アテネの支配が及び始めた前七世紀末以降、それまでエレウシスで行なわれてきた儀礼、いわゆるエレウシスの秘儀はアテネの保護のもとでいっそう大規模な行事になった。その主神はデーメーテールであり、その娘神ペルセポネーである。女神と信徒たちとの合一を特徴とするこの秘儀は、したがって実にフェティシュである。

この母娘二神にまつわるギリシア神話に、次のものがある。あるとき、ゼウスとデーメーテールの子ペルセポネーが野原で花を摘んでいると、冥界の王ハデスが彼女に襲いかかり、冥界に連れ去った。この一件はゼウスの誘いによるものだった。そのことを知らない母神デーメーテールは、九日間なにも食べずにあちこち娘ペルセポネーを探し回った。そして一〇日目にヘーリオスから真相を聞き知るや、彼女は身を老女に変えてエレウシスに引きこもってしまう。農耕の神であるデーメーテールが嘆き悲しむや、植物は冬のように枯れ、実りは潰え去ってしまった。その結果人間たちは困まり果てた。ゼウスは手を尽くして女神を説得するが悲しみと怒りは解けない。そこでゼウスは一計を案じ、春から秋にかけペルセポネーを母のもとに戻し、秋から冬にかけて一年の三分の一はハデスのもとにおくこととした。やむなくデーメーテールはこれを受け入れ、それまで引きこもっていた場所エレウシスの信徒たちに対して、春におけるペルセポネー招致の秘儀と穀物栽培法を伝授してその地を後にした[46]。

これは、植物の再生を通して、古い季節の終わりと新しい季節の始まりとを説く神話である。エレウシスの秘儀は、大地への播種を意味するペルセポネーの冥界行きと穀物の発芽＝再生を意味するペルセポネーの天界行きで成り立つ先史農耕儀礼の名残であろう。これに参加する信徒たちは、みな儀礼のなかで一度死に、再度生まれるのであるが、その節目に様々なドローメノン〈神態的所作〉とレゴメノン〈神語的唱誦〉を行なったであろう。内田次信によると、エレウシスの秘儀はディオニューソス信仰と結びついていた。「ディオニュソス秘儀は、とくに、アテナイになじみの深いエレウシス秘儀〈デメテルが主神〉とこの頃すでに習合していたようである」[47]。すなわち、ディオニューソス信仰は、男の神への崇拝という外貌をとりつつ、実は〈女たちの、女たちによる、女たちのための信仰〉と内的に結びついていたと結論づけることが可能なのである。その際、内的に結びつく〈女たちの、女たちによる、女たちのための信仰〉が問題となるが、それはエレウシスの秘儀すなわちデーメーテール崇拝である。

このエレウシスの秘儀は、いっときは地中海沿岸一帯に拡大したはずの先史母権社会の信仰を代表する。あるいはまた、ギリシア先住民の名に因んでペラスゴイ的母権社会の信仰を代表する。そのような母権社会の信仰を現在に伝える遺跡が、地中海に浮かぶ小島マルタとゴゾにある。

このように見てくると、先史地中海沿岸一帯における母神信仰は、たとえばバーゼルの神話学者バッハオーフェンが主張したような母権的社会組織と母権的生活様式をもった非ヨーロッパ系農耕先住民が発展させたものと思われる。その主神はデーメーテールであり、ディオニューソスであったのだろう。(48)

(2) ギリシア・ローマ的父権社会の宗教

ところが、地中海沿岸一帯にヨーロッパ系の諸民族――その多くは狩猟経済に生きる非農耕民――が南下してくると、母神信仰成立の社会的要因は減少ないし消滅していく。侵入民族のギリシア人やラテン人は、まずは先住民族の母神信仰と和合した。ついでこれを征服し支配した。そして最後には前者の存立基盤を解体してこれを雲散霧消させた。その経過は、ギリシア神話とローマ神話によく示されている。神々の世界におけるウラノス派とクロノス派の戦争、クロノス派とゼウス派の戦争、これらの物語は、その多くが異民族間の戦争を下地にして成立している。

その過程で、先史ペラスゴイ人の女神デーメーテールはゼウスの姉にして愛人の身に貶められる。だいたい、先史ペラスゴイ社会には単婚など存在しなかったのだから、そこの女性がある男性の独占的な妻になることなどありえない。したがって、ペラスゴイ的神々の世界にも単婚は存在しない。その点に関しては、すでに一九世紀後半にバッハオーフェンによってかなり論証されている。

『母権論』（一八六一年）までの前期バッハオーフェンは、人類史を婚姻制度に関連づけて三段階に区分する。第一はいかなる婚姻制度も発生していない段階で、「母権」と「ヘテリスムス(Hetärismus)」が共存する。第二は、右に引用した中間状態のことで、「母権」と「ギュナイコクラティー（Gynaikokratie）」が共存する。そして第三は一夫一妻を完成体とする婚姻制度が確立する段階で、「父権」と奴隷化した妻が共存する。

ここに出てくる「ヘテリスムス」とは、「まったく無秩序な両性関係」を意味する。ただし、『母権論』までの前期バッハオーフェンはその概念をやや曖昧に理解している。つまり、規律が存在しないため無秩序なのか、それとも規律が存在するのにそれを破っているため無秩序なのか、という問題にうまく答えていないのである。前期バッハオーフェンの言うヘテリスムスはその双方を含んでしまっている。この曖昧な立場は、後にアメリカの比較民族学者ルイス・ヘンリ・モーガンから「プロミスキティー（promiscuity）」という術語を教わり無規律婚についての厳密な区別を学ぶことによって、モーガン的に修正されることになる。つまり、『母権論』以降の後期バッハオーフェンは、いかなる種類であれおよそ秩序というものがまだ登場する前の両性関係としての「プロミスキテート（Promiskuität）」を捉えるのである。これは乱婚とは違う。乱婚は一夫一妻制など何らかの性秩序・性道徳を前提としている。何らかの規律が乱されるから、破られるから乱婚となるのである。しかしモーガンの言うプロミスキティーでは、破るべき性秩序・性道徳は未だ存在しないのである。このプロミスキティーは、氏族社会には概ね存在していたが、家族の出現とともに潰え去った。このプロミスキティー段階の男女関係に、バッハオーフェンは人間社会の素晴らしさを発見したのである。それに対して、ギリシア・ローマの文明期に出現する家族においては、もはやプロミスキティーという自然的男女関係は失われている。未だプロミスキティーという術語を知る以前の曖昧さの残るバッハオーフェンではあるが、すでに次のような発言を行なっている。

「父の立場と母の立場との転換は、とりわけ、養子縁組（Kindesstatt）による家族のしている補完（Familienergänzung）および卜占（Mantik）の二つの領域において辿ることができる。養子縁組は純粋なヘテリスムスの支配する状態では考えられないが、デーメーテール的原理の下ではアポロン的理念に従うものとはまったく異なった形態をとらざるをえない。デーメーテール的原理の下では母方出自の原則に支配されているので、それは自然のままから離反することはない。それに対してアポロン的理念にしたがった場合は父性の虚構の価値（Fiktionsbedeutung der Paternität）に支持されて、純粋に精神的な生殖という仮定にまで舞い上がる。そこでは母を欠いた父性、あらゆる物質性をはぎとった父性が実現し、それによって母性に欠けている直系の継承という理念、永遠の血統というアポロン的観念へと完成されるのである[49]」。

ここに出てくる「デーメーテール的原理」とは、先程示した人類史の三区分のうち、第二の段階に対応するもので、前述の「ギュナイコクラティー（Gynaikokratie）」に一致する。こちらの語は「女性統治」とでも訳せるが、家父長権のように政治社会（civitas）において暴力的に発現する権力ではない。先史社会（societas）において規範的に威力を発揮する自然的統率力である。バッハオーフェンは、自ら「アポロン的理念」、「永遠の血統」として説明する父性を、虚構と規定する。それに対して「デーメーテール的原理」として説明する母性を、自然的とか物質的と規定するのである。ギュナイコクラティー段階の男女は、未だプロミスキティーの余韻を残している。農耕儀礼のような生活の節目を刻むような祭りにおいて、それは瞬時に復活した。ギリシア・ローマ時代では大ディオニュシア祭、あるいはバッコス祭がそれにあたる。いわゆるオルギーである。ギリシア・ローマ時代に成立し拡大した家父長的家族制度は、政治＝都市国家という一種の擬制に支えられていた。家族のローマ原語（familia）には、家族という意味のほか、家父長の資産、奴隷という意味もある。こちらの意味こそ家族の本質を突いたバーチャルな概念であって、プロミスキティーの印象を知るバッコスの信女たちが大ディオニュシア祭で蹴飛ばした関係であった。

先史の母権制氏族社会では、相続は父から息子へ、でなく、母たちから娘たちへ、であった。また、氏族の氏神＝女神やトーテム動物も、母たちから娘たちへと継承された。自分たちの氏族内に父たちは存在しなかった。父たちはよその氏族にいた。ある一つの氏族を代表する存在は、したがって男でなく女であり、家父でなく族母であった。だから、子どもが母を殺すなどということは考えられなかった。母殺しは神殺しにも匹敵する。しかし、父については別である。なぜなら、父はよその氏族に所属しているからであり、男は神を宿していないからである。母殺しも父殺しも、ともに重罪ではあったろうが、その重さにはあきらかに格差があった。

氏族社会においては、ある氏族の子どもたちが自分の母と自分の父とが相互に争っているのを見た場合、それを最終的には、子どもたちおよびその母が所属する氏族と子どもたちの父が所属する氏族との間の争いと見なすことになる。どちらに味方するかは自ずから決まっている。父およびその氏族をでなく、母およびその氏族を支持することになる。これは厳格な戒めである。しかし古代世界において、その戒めがついに破られる時がきた。ギリシアにおいてその画期を象徴している神話がオレステースの裁判である(50)。

しかし、時代が過ぎ、紀元前八世紀以降極盛に向かって内外に拡張し始めたギリシア人は、周知のように父権社会・父権的宗教を築いた。出自は父方に基づくこととなり、神がみは男神優位に反転していったのである。そのギリシア文化を発祥源と考えるヨーロッパ人は、同じく極盛に達したヘブライ人社会の父権文化を吸収して、永遠にして正義なる父権という観念をつくりあげた。人間を生むのは女（肉体）でなく男（精液）である、との発想はヘシオドスの『神統記』にすでに記されている。すなわち、クロノスが切断したウラノスの男根から放出される精液の泡から、母親なしにアプロディティーが生まれくるのだ。

人類社会ははじめから父権的だったとのギリシア的発想は、先ギリシアのペラスゴイ社会や先史の地中海沿岸社会には稀なことだった。紀元前一四世紀かそれ以前の古フェニキア人サンコニアトンは、最古のフェニキア史を後世に遺してくれたが、そのなかに次のくだりがある。死すべき人間たるアイオーンとプロトゴノスの幾世代かのちの子孫に「メムルムスとヒプスラニウスが生まれたが、その名は母親たちに因んで名付けられた。その当時、女たちは偶然出逢った者だれとも自由に交わっていたからである」（エウセビオス『福音の準備』から）[51]。サンコニアトンの時代から少なくとも千年を隔てて地中海史を書いたヘロドトスも、似たことを記す。小アジアの「リュキア人は自分の名を父方でなく母方からとって名乗るということである」（ヘロドトス『歴史』から）[52]。

ところで、地中海世界がペラスゴイ的先史母権社会からギリシア・ローマ的父権社会へと移行する過程を、ギリシア劇の成立という観点から以下にまとめてみよう。

やがてギリシア・ローマ的父権社会で劇（ドラーマ）に発展する大もとは、ペラスゴイ的先史母権社会における儀礼（ドローメナ、複数でドローメノン）であった。そのドローメノンにおいては、時として神々を殺したりこれを信徒たちが共同で食したりすることがあった。その行為はフェティシズムにふさわしいものであった。しかし、ドローメノンはしだいにドラーマ化する。本物の神を殺していればドローメノンだが、代理をそうするようになると、少しずつドラーマ化が始まる。あるいはまた、神の本質が霊に上昇し、従来神と見なされていた生き物（フェティシュ）はその霊の犠牲に格下げされ偶像（イドル）に貶められるに応じて、ドラーマの部分が増えるのである。先に引用したように、ハリソンは言っている。先史のギリシアでは、かつて生きた牡牛が神として殺されていたが、やがて文明のギリシアになると牡牛のスピリットないし牡牛のダイモーンというイメージにとって代えられ、そこからついに牡牛神、つまり姿は牡牛だが霊としてはいと高き神という観念が成立した。その過程で、牡牛に扮装した信徒による演技が発生するのである。そしてさらに、その演技を外側から見物する人びとが登場してくる。見物人は、演技を行なっている信徒集団の部外者である。あるいは、よそから移住してきた新住民である。ギリシア史に当てはめれば、農耕を生業とする先住のペラスゴイ人の祭式を外部から見つめたイオニア人、ドーリア人が部外者ということになろう。彼らは祭式を見ているのでなく、況やそれを執り行なっているのでなく、ただ被征服民の奇妙な演技を鑑賞しているのであった。

アイスキュロスやソフォクレス、エウリピデスの劇は、ディオニューソス劇場やエピダウロス劇場の中央にあるオルケーストラ、つまり円状の広場で上演されていた。さらにその中央には祭壇か神体が安置されていた。そのオルケーストラの周囲には、やがてテアートロンと称する観客席が同心円状に、あるいは扇形状に設けられるようになる。しかし、そのようなものは先史には元来無かった。先史のドローメノンに必要なのは、中央に石柱とか樹木とか、あるいは牡牛とかの神体を安置したオルケーストラだけであった。信徒はダイレクトに神を動かす歌舞に興じたのである。そのとき、テアートロンはない。観客はいなかった。ところが、そうした共同の祭式に直接関係しない部外者、とりわけ征服者が周囲でこれを観察するようになると、昔のドローメノンはいまやドラーマ化し始める。あるいはまた、被征服民のペラスゴイ人はいつまでもドローメノンを続けているであろうが、征服民のイオニア人はそれを最初からドラーマと了解したであろう。

人が神を造るのでなく神が人を造る時代になると、ドラーマはまったく別の意味を付与されて生み直される。犠牲を捧げて神をよろこばせ、神に恭順を誓うため、人びとは神前で歌い舞うのだった。先史のオルケーストラは神を創造する人間中心の信仰にふさわしく、テアートロンは人間を創造する神中心の宗教を前提にした芸術にふさわしい。そしてこのギリシア芸術こそ、先住のペラスゴイ人に対して征服者のギリシア人が自らのアイデンティティを確立する基盤の一つとなったものだったのである。ギリシア・ローマ的父権社会の宗教は、このような演劇＝芸術と歩みをともにして展開していったのである。

むすび

大阪の天王寺駅付近にある一心寺には、とても不思議な仏像が幾体もおわす。一〇年に一体ずつ増えていく。新しいもの（本尊）ほど白く、古くなるほど蝋燭と線香の煤で燻っていく。命日や盆、彼岸の供養にやってきた檀家・信徒の家族は、そうした仏像にむかって、「ほら、あそこにおばあちゃんが、おじいちゃんが、ホトケになって……」という気分で合掌する。それもそのはず、そのホトケはみな、亡くなった信徒たちの遺骨を少しずつ提供してもらい、それを固めて造った真骨仏像なのである。位牌でもなければ卒塔婆でもない、眼前には正真正銘のホトケ＝遺骨がブッダ＝舎利となっておわすのである。

仏教もユダヤ・キリスト教もイスラム教も、みなアジア起原の宗教である。それらは、今でもときとして最古の儀礼を維持し続けている。そうした原初的遺制の存続は、とくにキリスト教に著しい。フランチェスコの眠るアッシジを嚆矢として、聖者の遺骨の埋葬地に教会を建設したのはキリスト教徒として当たり前と見られている。中世ヨーロッパの農民たちは、キリストやマリアを始めとする聖者の像を拝むのと同様に、ゆかりの者の遺体（ミイラ）や遺骨を聖所に安置して拝んだ。いや、それればかりではない。先史オリエントの信仰儀礼では当たり前であった神の肉体を使徒たちが共同で食する風習は、パンとワインとを飲食する風習にかたちをかえて、キリスト教徒のもとで二千年来延々と存続してきた。

やすいゆたか著『キリスト教とカニバリズム』（社会評論社、二〇〇〇年）によれば、イエスは最後の晩餐において、自らの肉体を弟子たちに食べてもらうことを望んだ。磔刑死後に行なわれる本番の食事にむけた、一種の予行演習である。やすい著作の執筆意図は、「まず歴史的な事実として、イエスの遺体をイエスの使徒たちが、生前のイエスの指示に従って、イエスの肉を食べ、血を飲むことによって聖なるものとして受け入れた」という仮説を立て、それを解説することである。その際、「キリスト教団は、発足の当初から、パンとワインという物をキリストの肉と血としてつまり聖体として崇拝することになった。だから、典型的なフェティシズムである」という観点が貫かれる。最後の晩餐でイエスは、実際の共食では本物の血肉＝イエス本人の血肉を食べてほしいが、まだ彼ははりつけになっていないので、とりあえずパンとワインを血肉に見立てて予行演習しただけであった。ところが後のカトリック教会はとんでもない取り違えをし、みずからが定めた禁をおかしてフェティシズムに陥ったというわけである。本当はイエスの生身の肉と血を飲食してあればこそ、あのパンとワインの教会公認儀礼＝フェティシズムが二千年このかた存続してきたのだとの仮説は、実に興味深い。

注

（1）本章は『東京電機大学理工学部紀要』第二三巻第二号（人文社会編、二〇〇一年一一月）に載せた拙稿「マルタ島に母神信仰の足跡をもとめて」の姉妹編にあたる。一まとめにして読まれることを願うものである。また、以下の本論中に頻出するバッハオーフェンの母権ないし母権的信仰に関連する文献として石塚正英編『バッハオーフェン──母権から母方オジ権へ』（論創社、二〇〇一年）を併せて参照されたい。

（2）たとえば、ゴゾ島ヴィクトリアの聖マリア教会（ゴゾ・カテドラル）に陳列されている傷病回復祝いなどの奉納品を見ると、マリア信仰と民間信仰との習合ないし後者から前者への接続を連想させる。

（3）矢島文夫訳『ギルガメシュ叙事詩』山本書店、一九九五年参照。

（4）リヴカー・シェルフ・クルーガー、氏原寛監訳『ギルガメシュの探求』人文書院、一九九三年、一四七頁。

（5）ミュリッタについてはヘロドトスによる以下の証言が遺されている。「バビロン人の風習の中でもっとも破廉恥なものは以下のものである。この国の女性はだれも、一生に一度はアフロディティーの神殿内に座って見知らぬ男性と交わらねばならぬことになっている。……いったん座ったならば、見知らぬ男性が女性の膝に喜捨を投げ与え彼女と神殿の外で交わるまでは家に帰れない。喜捨をなげた男性は「ミュリッタさまの御名にかけて、お相手願いたい」と告げるだけでよい。アッシリア人はアフロディーテーのことをミュリッタと称している。喜捨の金額は問わない。けっして拒否されることはないからだ。この金は神聖なので、掟により突き返してはならないのである」。Herodotus, with an Englisch Translation by A. D. Godley, in 4 vols., I, The Loeb Classical library, London, 1990, pp.251-253,(Book I, 199). 松平千秋訳『歴史』上巻、岩波文庫、一四八～一四九頁。

（6）矢島文夫訳『ギルガメシュ叙事詩』訳者解説、一七二頁、参照。なお、フェティシズムとしての動物崇拝については、石塚正英『フェティシズムの信仰圏』世界書院、一九九三年、参照。

（7）Cf., Robert Graves / Raphael Patail, Hebrew Myths. New York, 1964. シルヴィ・バルネイ、遠藤ゆかり訳『聖母マリア』創元社、二〇〇一年、参照。

（8）ヘロドトスによれば、統一以前の先史エジプトでは各ノモス（地域組織）毎に守護神――主として動物神――が祀られていた。Herodotus, ibid., pp.294-297, (Book II, 18), pp.326-329 (Book II, 42). 松平千秋訳『歴史』上巻、岩波文庫、一七二～一七三頁、一八八～一八九頁参照。また、先史エジプトの神々一般については以下の文献を参照。J・チェルニー、吉成薫、吉成美登里訳『エジプトの神々』六興出版、一九八八年。

（9）Charles de Brosses, Du Cultes des Dieux fétiches, Geneve, 1760, p.152.

（10）クルーガー『ギルガメシュの探求』、八〇頁参照。

（11）Herodotus, ibid., pp.347, (Book II, 59).. 松平千秋訳『歴史』上巻、岩波文庫、二四〇頁。

（12）Herodotus, ibid., pp.425, (Book II, 123).. 松平千秋訳『歴史』上巻、一九九頁。

（13）ジョージ・トムソン、池田薫訳『ギリシャ古代社会研究――先史時代のエーゲ海』岩波書店、一九五四年、一二〇頁。

(14) ジョージ・トムソン、前掲書、一二〇頁。

(15) カール・ケレーニイ、円子修平訳『ギリシアの光と神々』法政大学出版局、一九八七年、四一～四二頁。

(16) Herodotus, ibid., p.425, (Book II, 123)、松平千秋訳『歴史』上巻、二四〇頁。

(17) Herodotus, ibid., p.469, (Book II, 156)、松平千秋訳『歴史』上巻、二六三頁。

(18) Herodotus, ibid., p.485, (Book II, 171)、松平千秋訳『歴史』上巻、二七一頁。

(19) Pausanias, Description of Greece, with an Englisch Translation by W. H. S. Jones, in 4 vols., I, The Loeb Classical library, London, 1978, p.71, (Book I, ATTICA, XIV)、飯尾都人訳『ギリシア記』龍溪書舎、一九九二年、二八頁。

(20) Pausanias, ibid., p.207-209., (Book I, ATTICA, XXXIX)、飯尾都人訳『ギリシア記』、七九頁。

(21) Pausanias, ibid., p.87, (BookIV, ARCADIA, XXXVII)、飯尾都人訳『ギリシア記』、五六二頁。

(22) J. J. Bachofen, Das Mutterrecht, Eine Untersuchung über die Gynaikokratie der alten Welt nach ihrer religiösen und rechtlichen Natur, Stuttgart, 1861, reprint, Basel, 1948, S.155f. 岡道男・河上倫逸監訳『母権論』第一巻、みすず書房、一九九一年、一三九～一四〇頁。

(23) J. J. Bachofen, Das Mutterrecht, S.28-30. 岡道男・河上倫逸監訳『母権論』第一巻、二二～二三頁。

(24) 日本の淡路島の半分ほどの面積しかないマルタ・ゴゾ島に、大小合わせて合計三六五の教会がある。そのなかには多くの被昇天聖母教会（The Assumption）や生誕マリア教会（The Nativity of Virgin Mary）が含まれる。たとえば、前者にはモスタの教区教会、イムジャールの教区教会ほかがあり、後者にはメリーハの教区教会、シャイラの教区教会などがある。

(25) 人びとの生活のなかで定期的に、あるいは儀礼的に殺される神々の民俗に関しては、以下の文献に詳しい。ジェームズ・フレイザー著、神成利夫訳・石塚正英監修『金枝篇――呪術と宗教の研究』全一〇巻別巻一、国書刊行会、二〇〇三年秋より逐次刊行、参照。

(26) ギリシア神話によると、ディオニューソスから最初にブドウの木を授けられたオイネウスはワインをつくり、これを自分の名にちなんで「オイノス」とした。高津春繁『ギリシア・ローマ神話辞典』一九六〇年、岩波書店、七九頁。

(27) 高津春繁、同上、一八二頁には、ニューサとディオニューソスについて、次のように記されている。「なおニューサは地名として、ギリシア人の地理的限界が広がるにつれて、しだいに遠方に追いやられた。Nysa は Dyo-nys-os を分解して、dio-《ゼウスの》と、-nys- より、その意味不明のまま、作り出された名であろう」。

(28) ちなみに、一九〇〇年以降クノッソスを発掘したエヴァンズは、クレタ島の女性たちがミノア時代の印章をひもに通して首からかけているのをよく見かけたという。ハンス・パルス、関楠生・小川超訳『古代クレタ文明――エーゲ文明の謎』佑学社、一九八一年、八六頁参照。

(29) ワルター・F・オットー、西澤龍生訳『ディオニューソス――神話と祭儀』論創社、一九九七年、六〇頁。

(30) ヒュー・ジョンソン、小林章夫訳『ワイン物語――芳醇な味と香りの世界』上巻、日本放送出版協会、一九九九年（初一九九〇年）、二九～三四頁。ジョンソンは、たとえば次のように記している。「考古学者はブドウの種子の堆積物をワインづくりの証拠、あるいは少なくともそれに近いものとして認めている。おそらく世界最古の都市であるトルコのチャタル・フュック、シリアのダマスカス、レバノンのビュブロス、ヨルダンの発掘で、紀元前八〇〇〇年頃の新石器時代Bとして知られる石器時代の地層からブドウの種子が出てきた。しかし、栽培されたブドウの種子で、これまでに発見されたもののうち、放射性炭素年代測定で最古のものとされているのは旧ソ連グルジア共和国で見つかったもので、少なくとも発見者が満足するだけの古さ、紀元前七〇〇〇~五〇〇〇年の時代に属するものであった」。三〇頁。
(31) ヒュー・ジョンソン、同上、二〇~二一頁。
(32) ヒュー・ジョンソン、同上、三四頁、参照。
(33) ド・ブロスのフェティシズム定義に関して、私は次の三点にまとめている。「一、フェティシュ信仰者は彼らの神であるフェティシュを自分たちで選ぶ。自分たちの神を自分たちで選ぶのである。神より以前に人間が存在している。フェティシュは、その信仰者が自ら選び取った生物・無生物の自然な神であって、超自然の能力はない。二、フェティシュ信仰者は、フェティシュそれ自体をじかに拝むのであって、フェティシュは何かいっそう崇高な、霊的・抽象的な絶対者、真に崇敬の向けられている別物の象徴とか形代とかではない。そして、三、フェティシュはその信仰者を保護ないし支持しなければならず、その能力を失うや信仰者に打たれるか、棄てられるかする」。石塚正英『フェティシズムの信仰圏』世界書院、一九九三年、一八頁。
(34) 詳しくは、以下の文献を参照。高津春繁・斎藤忍随編『ギリシア・ローマ古典文学案内』岩波文庫、一九八八年(初一九六三年)、五六頁以降。
(35) パウサニアス『ギリシア記』は二世紀に次のように書いている。「ディオニューソスの一番古い神域が劇場そばに。周壁内に神殿とディオニューソス神像が二組。像は一方が『エレウテライに坐すディオニューソス』、他方がアルカメネス作で象牙・黄金造り」。Pausanias, Description of Greece, I, Attica, xx.3, tr. by W. H. S. Jones, The Loeb Classical Library, 1978 (1st printed 1918), pp.98-99. 偶数頁にギリシア語、奇数頁にイギリス語が併記されている。飯尾都人訳『ギリシア記』龍渓書房、一九九一年、四〇頁。一部改訳。
(36) Jane Ellen Harrison, Ancient Art and Ritual, Home University Library, 1913 (reprint, Kessinger Pub. Montana, USA, 1996), p.99. 佐々木理訳『古代芸術と祭式』ちくま文庫、一九九七年、一〇三頁、一

部改訳。

(37) エウリピデス、松平千秋訳「バッコスの信女」、『ギリシア悲劇Ⅳ　エウリピデス（下）』ちくま文庫、一九九九年（初一九八六年）、四八七〜四八九頁。

(38) エウリピデス、松平千秋訳「バッコスの信女」、四五七〜四五八頁。さらに、『世界舞踊史』の著者クルト・ザックスは、同書のなかでディオニューソスの信徒が繰り広げる舞踊に関して、次のように述べている。「その踊りにおける自己からのエクスタティックな解放は、他の自然民族におけるとまったく同様に、激しい。聖なる陶酔がヘラスの女たちを襲う。彼女たちは、精霊の声に招かれ、家を離れる。ためらいもなく雪に覆われた山地の荒野を目指す。そして幾日幾夜を荒々しい陶酔の中で狂い過ごすのである。彼女たちはディオニューソスに使える女たち、メナード、熱狂する女たち（Mainades sind sie, Rasende）である。幾百の壺やレリーフに、熱狂した人びとが足を踏みしめ、旋回し、神のように飛翔しているのを見かける。これを見る者は次のことを体験する。すなわち、バラバラに切断された小山羊を、まるで円盤でも投げるかのように大空を切っては投げるといった獣性を帯びた人間の血の狂気から、祝福された集団舞踊で現世を忘れ、神を見いだし光明に満ちた聖者の恍惚に至るまでの、舞踊が呼び起こすあの恍惚のあらゆる段階を体験するのである」。Curt Sachs, Eine Weltgeschichte des Tanzes, Berlin, 1933, Nachdruck, Hildesheim/Zuerich/New York, 1992, S.164. 小倉重夫訳『世界舞踊史』音楽之友社、一九七二年、二七二〜二七三頁。

(39) Jane Ellen Harrison, Ancient Art and Ritual, p.253. 佐々木理訳、二三二頁。

(40) フレイザー著、神成利夫訳・石塚正英監修『金枝篇』（完結版からの完訳、全10巻）、国書刊行会、二〇〇三年以降、参照。ちなみに、二〇一四年段階で第6巻まで刊行済み。

(41) Jane Ellen Harrison, Ancient Art and Ritual, p.90-91.111-112. 佐々木理訳、一七八、一七九、一一四頁。

(42) Jane Ellen Harrison, Ancient Art and Ritual, p.57. 佐々木理訳、六三頁。

(43) Jane Ellen Harrison, Ancient Art and Ritual, p.59. 佐々木理訳、六五頁。

(44) 神話学者松村武雄は次のように言う。「先に言ったように、祭儀的呼称は、特定の神の固有名と形容辞との結合から成り立っているのを通則とし、而してそれ等の形容辞に関しては、①それが第一次的に問題の神に附せられたものであるか、若しくは②これをおのれの名とする霊格が先ず存在して、その霊格が問題の神に包摂されたため第二次的に該神の称呼となったものであるかの alternative があり得る。そのいずれであるかを検出することは、必ずしも常に容易ではない。古代ギリシアの神々の祭儀的称呼として、吾人はたとえば羊アポロン（Apollon Karneios）、無花果樹ディオニュソス（Dionysos Sukea）、樹神ディオニュソス（Dionysos Dendrites）などを有する。こうした場合、Karneios Sukea Dendrites の語辞は、これを負うているアポロン神若しくはディオニュソス神の職能名として直接に第一次的にこれ等の神に与えられたことを想定することも出来るし、また殆んど同一の蓋然性を以て、こうした語辞によって呼ばれた霊格――すなわち「羊神」、「無花果樹神」『樹神」を意味する名を負うた霊格が、アポロンやディオニュソスとは別個の存在態として先ず崇拝されており、それ等が後に独自性を喪失して、それぞれこれ等の神の一称呼になり了ったことを想定することもできる」。松村武雄『古代ギリシアにおける宗教的葛藤』、培風館、一九四二年、五一頁。

(45) エウリピデス「バッコスの信女」、『ギリシア悲劇Ⅳ』、四八二頁。

(46) 高津春繁『ギリシア・ローマ神話辞』、一六五頁、参照。

(47) 内田次信「『蛙』とエウリピデス『バッカイ』とにおけるディオニュソス」『光華女子大学研究紀要』、第三六号、一九九八年、一二月、一二三頁。

(48) 先史地中海沿岸一帯における母神信仰を現在に伝える女神として、アルテミスも特筆される。ギリシア神話では狩猟の女神とも月の女神ともされ、ゼウスとティターン系のレトの娘でアポロンの双生の妹とされる。しかし、アルテミスもデーメーテールと同じく、元来は非ギリシア系農耕先住民に豊穣の女神として信仰される独立神であったと考えられる。小アジアのエフェソスでは、胸部から腹部にかけ数多くの乳房（卵との説もある）をもつアルテミス像が数体出土し、遺跡付近の博物館に保存されている。

(49) J. J. Bachofen, Das Mutterrecht, Basel, 1948, S.56-57. 岡道男・河上倫逸監訳『母権論』第一巻、みすず書房、一九九一年、五一頁。

(50) オレステースの裁判に関する民族学的・家族史的な研究については、以下の文献を参照。布村一夫「梟の女神アテーナー――アッティカ四部族における母権」、布村一夫ほか『母権論解読』世界書院、一九九二年、一六一頁以降。

(51) 石塚正英『フェティシズムの信仰圏』、世界書院、一九九三年、七七頁以降、参照。

(52) Herodotus, tr. by A.D.Godley, HERODOTUS, I, BOOKS I-II, Loeb Classical Library, London, 1990, p.216f. ヘロドトス、松平千秋訳『歴史』巻一の一七三、岩波文庫、上巻、一三一頁。

第3章　神話のなかの族外婚
――ヤチホコ・ヌナカハヒメを事例に――

はじめに

神話の背後にはそれを成立させた現実＝史実が存在する。神話のなかには、史実そのものではないが、古代人の社会とそれに関する彼らの記憶が存在する。一九世紀ドイツの神話学者ダーフィット・シュトラウスは、主著『イエスの生涯』（一八三五～三六年）のなかで概略次のように述べている。聖書物語に結実することになる様々な口承や伝説はすぐれた個人の意識的な作為ではなく、民衆の精神、共同体の精神であり、その物語の舞台となっている民衆（共同体）や時代の産物なのである。シュトラウスの言う神話とは、何らかの実生活を土台にして民衆の想像力が生みなしたものである。物語られた内容がどれほど超自然的な外被をまとっていても、それは古代民衆の想像力の所産なのであって、内実は古代の共同体精神だということである(1)。

そのシュトラウス神話学に注目した歴史家の羽仁五郎は、日本神話を研究する津田左右吉の学風に関連させて、次のように語る。「記紀を聖典として盲信するという超越主義または狂信、これに対して記紀を虚偽として批判する合理主義、この対立する二つの立場を克服して、記紀を伝承として見てその意義を明らかにすること、ここに津田左右吉における日本の古典批判の進歩があった。そして、それは、福音書ヤソ伝についての超自然的信奉の立場と合理主義的批判の立場との対立を克服して、福音書ヤソ伝の本質を伝承として解明したシュトラウスの業績に、くらべられることのできるものであった」[2]。

神話に関する以上の態度をもって、私は、ヤチホコ（八千矛）とヌナカハヒメ（奴奈川姫、沼河比売）の恋物語を論じてみたい。夫が妻のもとに出かける形式の婚姻形態、いわゆる妻問婚を特徴とするこの神話物語に、族外婚の遺制を読み取ろうというのが本章の目的である。

一　ヌナカハヒメ神話の概要

一般に、伊勢神話ないしアマツカミ系神話には天孫降臨など垂直移動の特徴があり、出雲神話ないしクニツカミ系神話には常世神やマレビトの来訪など水平移動の特徴がある。一研究によると、ヤチホコは元来は瀬戸内の神であったがのちに出雲（中ッ国）の神と習合した模様で[3]、別名をオホナムチ（大己貴）、オホクニヌシ（大国主）という。ヤチホコとは「多くの矛」を意味し、その名は古事記の歌謡「神語」（二～五番歌）に記されている[4]。

ヤチホコは、堅州（根の国）の神スサノヲの娘であるスセリヒメ（須世理比売）と結婚しヒメを正妻とするが、ほかにも妻を求めて各地に旅をする。妻求ぎ（つままぎ、古くは「妻覓ぎ」と書く）である。「遠々し」北方の越（高志）でヌナカハヒメに出逢う。現在の地名でみると、場所は新潟県の最西端、糸魚川地方、姫川流域と思われる。ヤチホコが高志に来たことは、上越市五智に鎮座する越後一の宮・居多神社の祭神がオホクニヌシ・ヌナカハヒメおよびその子タケミナカタ（建御名方）であることからも確認される。[5]

この地に至ったヤチホコは、家で寝ているヌナカハヒメに歌で求婚するが戸を開けてもらえず、鳥が啼いて夜が明けてしまう。鳥に八つ当たりするヤチホコに対して、ヒメはその鳥を殺さないで、と懇願し、夜になったら一緒に寝てあげる、と約束する。その歌のとおり、二人はその夜、共寝して結婚する。

「ヌ」とは玉のこととされ、「ヌナカワ」は玉のとれる河という意味を連想させる。玉とはヒスイのことであるが、その漢字「翡翠」とは鳥の一種であり、羽毛の色鮮やかなカワセミの雌雄をさす。「翡」がオスで「翠」がメスである。カワセミの美しさをもつ石であるからヒスイと名付けられたか、と想像する。ところで、夫の浮気を察知した正妻のスセリヒメははげしく嫉妬する。そこでヤチホコは、高志を去って大和（倭国）に向かうこととし、こうしてスセリヒメをなだめようと、「ぬばたまの黒き御衣」を脱ぎ捨て、「そに鳥の青き御衣」を脱ぎ捨て、と歌った。この際に脱ぎ捨てた衣は女性を意味し、「そに鳥」はヒスイを意味する。かように歌ってヌナカハヒメと分かれたことをほのめかし、スセリヒメを安心させたのだった。[6] ヒメはそれにこたえて夫と和すことにし、以後、ヤチホコとスセリヒメは仲むつまじく暮らすことになる(7)。

日本神話を研究するフランス人学者のフランソワ・マセは、スセリヒメの嫉妬に関連して、日本語で次のように述べる。「このスセリビメの嫉妬は、ある意味で、複数の妻の間に協調関係を保たせることのできる人物は、一国のなかにも和平を維持させることができる、つまり良い君主になれる、ということの時代の考えを示していると見ることができる。また反対に、君主の妻たちの間の争いは、その国の混乱のシンボルと言えるわけである(8)」。また、神話学者の松村武雄は、次のように述べる。「出雲系民族は、おのれ等の敬愛した大國主神をして諸神中最大の艶福者たらしめるために、この神に頻多な妻覓ぎとその成功とを想定した。且つまたこの神が八十神を治平したとされる裏には、或る優れた人物の諸地域の治平と、そうした治平をかち得んがための諸々の土酋との通婚との回想・民間記憶が働いていた筈であるから、そうした事情からも、この神は諸所に妻覓ぎしたと観想されざるを得なかったのであろう(9)」。

二　族外婚の特徴

ところで、松村武雄は、異郷の地高志でのヤチホコの妻問いを異民族間の婚姻、すなわち族外婚に関連づける。「北越と出雲との間には密接な部族的・文化的接触が行われた形跡があり、高志の沼河比売に対する大國主神の妻覓ぎの如きも、部族の接触・融和を意図しての、出雲系民族の有力者の、高志人の女酋との通婚の回想であるらしい。高志國の人とされるこの女性が、決して単なる女性的直人でなかったことは、『和名鈔』に奴乃加波郷と記された地域に於て、この女人が一個の地主神として祀られていたことに徴しても明らかである」[10]。そして、この異民族間の婚姻形態を、トーテム信仰（トーテミズム）の観点から説き明かそうとするのである。「同じ部族の異なった二つの氏族が同一のトーテムを有することはあり得ない」[11]。たとえばヘビをトーテム神とする氏族（クラン）は、けっしてヘビ・トーテムを崇拝する氏族の異性と結婚することはなく、たとえばワニ・トーテムを崇拝する氏族の異性と結婚する。学術的には、これを近親婚タブーという。

近親婚タブー発生に関しては、フランスの社会学者デュルケムの説明に傾聴すべき点が含まれている。彼は何よりもまずトーテミズムという儀礼から婚姻制度を説明する。トーテミズムはトーテムすなわちある一つの氏族神――たいがいは生き物である――にまつわる儀礼ないし崇拝である。この氏族神は、トーテム獣および氏族内の女性たちの血を通して代々受け継がれる。したがって男たちは同一氏族内の女たちを避ける根拠をもっている。彼らが同一氏族内の女たちと交わることは、すなわち神と交わることを意味する。それを根拠として近親婚が禁ぜられた。また、トーテムはそれを信仰する者にとってしか神聖ではないから、トーテムを異にする女たちとは交わっていい。そこで族外婚が始まったのである。しかし近親婚タブーにとって重要なのは禁止一般でなく、一部をそうすることにより、それ以外の異性との限りない性の開放を実現することだった。

近親婚タブーのもとにあって、ある集団の男たちはつねに別の集団に妻たちを求めることになる。いわゆる集団婚である。これは現代のような一夫一妻婚ではない。多夫多妻婚である。なるほど人類社会はしだいに一夫一妻婚へと向かうのではあるが、ギリシアではオリンポスの最高神ゼウスが正妻ヘーラーの目を盗んで浮気する。日本では出雲のヤチホコが正妻スセリヒメの心配をよそに浮気する。神話学者の布村一夫は、「ギリシアと日本とをくらべる」という副題のついた論文「ギリシアの女神たち」で、たとえばゼウスとヘラの婚姻関係を次のように述べる。ゼウスはヘーラーとのあいだで一夫一妻婚にあればこそ一種の契約違反をおかす。それに対してオホクニヌシ(ヤチホコ)は「妻をたくさんもっていたのである。嫡妻はスセリヒメであるが、この嫡妻は、ヘーラーのように、ただ一人の正式の妻という意味ではなく、妻たちのうちの第一妻、ないしは主妻である。……ようするに妻ヘーラーは夫ゼウスのヘテリスムス(乱婚)にたいして憤怒し、嫡妻スセリヒメはオホクニヌシの一夫多妻婚にたいして嫉妬するのであるが、これらの説話に、古典ギリシアの、そして記紀万葉の日本の、性関係のちがいがうつしだされているのである(12)」。

松村は、日本神話のなかでもとくにトヨタマヒメ(豊玉姫)のお産におけるワニへの変身物語にトーテミズムを見通す。「『わたつみの宮』族がワニと極めて昵懇な間柄であり、寧ろ該族の眷属であるかのようになっている」ことに注目し、次のように結論づける。「かくしてわれ等は、豊玉姫が、記・紀の語るに一致している通り、出産に当たってワニと呼ばれる正真正銘の或る動物に変じたとせざるを得ない。とすると、今言ったように、何故に姫は産期に或る動物――特に「本つ国の姿」とされる或る動物に変形せねばならなかったかが、当然一つの問題となるが、自分に言わせるならば、これもトーテミズムの体制および儀礼から見ると、まさしく一つの必然である[13]」。「豊玉姫禁室籠りの神話は、その主要な構成話根の関する限り、トーテミズムおよび外婚制の方面から取り扱われるときに、その幾多の謎が解けるように、自分には思われる[14]」。

この際、松村に依拠するとして、ではヌナカハヒメの率いる高志の国は何をトーテムとして崇拝していたであろうか。ヤチホコは出雲系であると仮定すると、トーテムはたとえばヘビである。ヌナカハヒメの場合、目に付くものヒスイであって、動物ではない。ただし、ヒスイはカワセミのことを指しており、ヤチホコが夜這いにきたときヌナカハヒメを護ったのが鳥であった点を考慮すると、なにか鳥類が介在しているかも知れない。アマツカミ系では、イハレヒコ（神武天皇）が現在の和歌山県熊野地方で遭難したとき、高天原から一羽のカラスが飛来し道案内をしたこともあって、ヤタガラスがトーテムないし眷属に当たるようにも思える。

いずれにせよ、村松の説くトーテミズム説は、まるっきりの空想ではない。その問題について、次節で検討する。

三　神話の比較民族学的意味

すでに引用した布村一夫『日本神話学――神がみの結婚』は、アメリカの比較民族学者モーガンおよびスイスの比較神話学者バッハオーフェンの学説に依拠する労作で、布村が戦後の日本神話学界において遅れ馳せながらに発した、学問上の挑戦であった。その核心はたとえばトヨタマヒメのワニ変身に関する説明に示される。

「トヨタマヒメはワニをトーテム（族霊）とする血族集団にぞくする女人である。このワタツミノカミの血族集団は、そのなかでは婚姻しないという族外婚規律をもっているので、氏族（ゲンス）とみられる。この説話のときに、トーテム氏族が存在したと、はっきりとはいえないが、トーテム儀礼はあとあとまでのこることがある。こののこっているトーテム儀礼と、神話のなかにたびたびあらわれるアマツカミ・男とクニツカミ・女との婚姻とによって、氏族という血族集団がかつて存在したと復元できるはずである。彼女は出産にちかづくために、ワニをシンボライズするなにものかを、身につけるなりして、祖先としての、族霊としての、トーテムとしてのワニの行動をまねた。これがワニ変身である。

このようなクニツカミ・女と結婚したアマツカミ・男である夫ヤマサチヒコは、ちがったトーテムをもつものである。この羽羽鷲《ははばわし》トーテム氏族にぞくする夫にとっては、妻が信奉するワニというトーテム動物の装態をするのを、いいかえると目的の出産にちかづくための禁室のなかでの儀礼を、みてはならないのである。このタブーをやぶれば、夫妻別居はとうぜんのこととなる」(15)。

布村学説はモーガン民族学や松村神話学に依拠したものなので、記紀神話を先史の社会組織すなわち氏族制度やそれに見合う婚姻形態、および先史の信仰すなわちトーテミズムで解説する。記紀神話に含まれる雑多な神話群は、東北アジアや東南アジアの各地から日本列島に渡ってきた人びとによって伝えられたものを基礎にしている。したがって、日本には棲息していなかったワニが神話に登場するのである。それと同じように、日本に自生的に成立したわけでないにせよ、先史に起因する信仰のトーテミズムの残存形態が記紀神話に記録されたのである。そのあたりの事情を考慮すれば、布村神話学は、なるほど古文書学や古代文学の立場での日本神話の解釈には馴染まないかもしれないが、比較宗教学・比較神話学の見地から見ての日本神話の解明にはきわめて有効ということになる。

布村学説では、そのような族外婚的トーテミズムに、現実の、史実上の氏族が重ねられる。アマツカミ系の「イハレヒコの子孫は、（同じアマツカミ系の）ニギハヤヒ（饒速日）出自の女人をめとれない。これはニギハヤヒの子孫である物部氏がムラジ（連）であることにあらわれている。大伴氏もまたそうであるが、もともと物部氏も大伴氏も、大王家のものとともに、おなじ血族集団にぞくするものであり、族外婚規律にしたがって、その血族集団のなかでたがいに婚姻がゆるされない。（中略）支配者、または記録者たちによって、ゆがめられたところもある神話のなかから、きびしい婚姻のおきてをみいだすことができるのであり、神話のなかの男と女とのむすびつきは、けっしてでたらめではないのである」[16]。

布村学説を前提にすると、ヤチホコからヌナカハヒメへの妻問婚神話が成立する前提として、出雲民族と高志民族の間での族外婚的交流の存在が垣間見られる。なるほど高志のトーテムは「そに鳥」なのかどうか、はっきりしないが、出雲民族と高志民族とは別個のトーテムを崇拝する異民族同士であるから交流が可能であったと考えられる。

むすび

中国では翡翠とはもともと鳥の名を示し、とりわけカワセミ（オス・メス）を意味した。また、カワセミは「川セミ」であり、セミはソニからソビ、セウビと転じ、そこからセビ、セミが生まれたという[17]。そうであるとすれば、ヤチホコがヌナカハヒメのことを「そに鳥」に譬え、「そに鳥の青き御衣」を脱ぎ捨て、と歌ったのは、じつに意味深長である。現在のところまったくの仮説にすぎないが、高志民族のトーテム神はカワセミであったのだろうか。古代の日本にカワセミはどのように棲息していたであろうか。現在は日本各地の河川や湖沼で繁殖している。もし現在の糸魚川地方に大昔も棲息していたとすれば、その仮説も意味をもつ。あるいはまた、カワセミが棲息していなかったとしても、現在の姫川流域で採集されるヒスイは大昔に女神の玉石として崇拝された。その名がカワセミそのものであることから、カワセミ石＝翡翠がトーテム神とされていたのであろうか。奴奈川神社縁起によると、かつて押上の浜に打ちあげられた霊石を御神体とした。それはヒスイであったかも知れない。トーテムとしては動物、植物のほか、樹木や岩石、隕石もあり得るからである。[18]

いずれにせよ、夫が妻のもとに出かける形式の婚姻形態、いわゆる妻問婚を特徴とするこのヌナカハヒメ神話に族外婚の遺制を読み取ろうという私の研究は、その端緒についたようである。[19]

註

（1）シュトラウス、石塚正英ほか訳『イエスの生涯・緒論』世界書院、一九九四年、参照。

（2）羽仁五郎「つださうきち博士」、岩波『図書』第七号、一九五〇年、四頁。

（3）次田真幸『日本神話の構成』明治書院、一九七三年、二八三頁。

（4）倉野憲司校注『古事記』岩波文庫、一九九一年（初一九六三年）、四八～五一頁、参照。なお、ヤチホコ・ヌナカハヒメ神話のもととなった記述とされる『出雲風土記』については、以下の文献を参照。荻原千鶴（全訳注）、『出雲国風土記』講談社学術文庫、一九九九年、九二～九八頁。

（5）居多神社については同神社宮司の花ケ前盛明氏が執筆した著作『越佐の神社 式内社六十三』新潟日報事業社、二〇〇二年、『上越の史跡と人物』上越タイムス社、二〇〇二年、ほかを参照。

（6）次田真幸、前掲書、二七二～二七四頁。

（7）ただし、古事記によれば、ヤチホコはヌナカハヒメのほかさらにタキリヒメ、カムヤタテヒメ、トリミミの合計四名の妻を娶り、これらの妻たちとの間に四人の子を設けたと記されている。スセリヒメとの間に子はできなかった。
(8) フランソワ・マセ『古事記神話の構造』中央公論社、一九八九年、一一五頁。
(9) 松村武雄『日本神話の研究』第三巻、培風館、一九八三年(初一九五五年)、二七〇頁。
(10) 松村武雄、前掲書、二七一頁。
(11) 松村武雄、前掲書、七六六頁。
(12) 布村一夫『原始、母性は月であった』、家族史研究会、一九八六年、一七〜二〇頁。
(13) 松村武雄、前掲書、七七二頁。
(14) 松村武雄、前掲書、二八六頁。
(15) 布村一夫『日本神話学――神がみの結婚』、むぎ書房、一九七三年、一九頁。
(16) 布村『日本神話学』、二三頁。
(17) 次田真幸、前掲書、二七二頁、三一七頁、参照。
(18) 神話をトーテミズムおよびフェティシズムで解明する作業を、私はすでに以下の著作で手がけている。石塚正英『フェティシズムの信仰圏』世界書院、一九九三年。『信仰・儀礼・神仏虐待』世界書院、一九九五年。『白雪姫とフェティシュ信仰』理想社、一九九五年。
(19) ちなみに、米沢康『日本古代の神話と歴史』(吉川弘文館、一九九二年)には、沼河比売神婚伝承に関する学説的な整理として、次のような指摘が読まれる。学説史的な動向は「ほぼ二つの傾向に大別できるようである。その第一は、この神婚伝承の物語るところに従って、出雲と高志との何らかの史的関係を読み取ろうとする立場、第二は、むしろ『古事記』の記事以前の原義を探って、伝承の場ないしその形成過程を明らかにしようとする立場である。それぞれの立場の中には、かなり顕著な異論も含まれることになるが、一応、このように考えて大過なかろうと思われる。また、研究史的大勢からすると、この二つの立場のもおのずからに隆替があって、古くは第一の立場が主流を占めたが、近来は第二の立場からする研究がこれに替わり、より評価される方向がたどられていたのであった」（同書、四頁）。米沢康の整理・分類からすると、今回の試論は布村一夫を基点とする第三の傾向、比較民族学的学説となろうか。

とはいえ、米沢康の研究は、以下に引用するように、それ独自で一つの有力な傾向を創っている。「私は、八千矛神と高志国の沼河比売との神婚伝承にも、海の問題を考えないわけにいかない。とくに、北陸道の神済の存在に着目すると、『高志国の沼河比売』といわれるその背景には、この神済における渡海祭儀の実修が、大きな役割を担っていたのではないかと推考される」（同書、二一頁）。

ここに出てくる「神済」とは、「かんのわたり」と読み、北陸道の越中と越後の境界の河ないし沿岸海域を指す。沼河比売神婚神話は出雲から能登を経て佐渡に伝わり、佐渡からさらにその東方海域に「浮かぶ」とみなされた「高志」ないし「古志」に伝えられたと仮定すれば、沼河比売をことさら越後国頸城郡の奴奈川神社や沼川郷に結びつけなくともよいことになる。沼河比売神婚伝承に関する学説的な議論は、いまだ佳境に達していないのである。

第4章　歴史における神話のアクチュアリティ

はじめに

二一世紀の現在、なぜ神話か？　その疑問には本章の全体をとおして答えるとして、前世紀の神話とくれば、なによりもまずナチスのイデオローグであったアルフレート・ローゼンベルクの著書『二〇世紀の神話』（一九三〇年）を想起する。[1] それほどに、二〇世紀の神話といえばファシズムやナチズム、それにソ連東欧の社会主義が思い浮かぶ。その際、通常使用される「神話」という語は、現実や史実にもとづくのでなく空想や虚構にもとづく物語、といった意味になる。この意味における用法としては、たとえば次のように言える。イタリアやドイツ、ソ連の民衆に対してムッソリーニ、ヒトラー、スターリンの体制が客観的な根拠なしにでっち上げたナショナリズムやレイシャリズム（racialism）、コミュニズム（スターリニズム）は、二〇世紀神話の代表である。これらの体制が国民に提示する政策や利益は、あらかたフィクションである。

しかし、なんの根拠もない、事実無根の理論や政策に、はたして二〇世紀の文明諸国民が、そう易々と騙されるであろうか。なるほど、そう簡単には騙されるはずのない人びとが騙されるが故に神話なのだ、そこにこそ神話の真の意味が潜んでいるのだ、としたい向きもあろう。だが、なぜ神話は、善悪のうち悪の方に成立しやすく、善については成立しにくいのか。善良な方、ないし好ましい方での使用例は、ないわけではない。たとえばスポーツ競技では、連戦連勝の無敗神話、などと表現する。けれども、この場合の使用法でも、勝者はいずれ敗北する、つまりいいことは絶対に永続しない、という観念を下敷きにしている。かように、神話は悪ないし劣の価値意識にまつわる概念として定着している。けれども、神話の語義を先史地中海にみいだすと、この語はもともと相対的に善悪と関係なく生まれたことがわかる。あるいはまた、善とも悪とも関連していたということでもある。

本章ではまず第一に、先史地中海における神話の語原や起原について議論し、第二に、くだって文明時代に派生した新たな神話概念の様々な領域への転用を検討する。そして第三に、二〇世紀における神話の中核として「近代化＝合理化」および「家族」「ファシズム・コミュニズム・民主主義」を取り上げてみることとする。その上で、人権思想もまた神話形成の中核をなしていること、歴史上において神話は絶大なる現実有効性（アクチュアリティ）を発揮している点を浮き彫りにしてみたい。

一　先史の神話あるいは神話の起原

神話学者の松村武雄は、古代ギリシアにおける「神話」という語について、著作『神話学原論』（一九四〇年）で次のように説明している。

「古代ギリシア人は、『ミュトス』という語辞を最も本源的には『ロゴス（logos）』の意味に用いた。（中略）ホメロスのごときも、ミュトスをこの意味――すなわち『言葉』とか、『話されるあるもの』とか、『口によって発せられるあるもの』とかいうほどの義に用いている。muthosという語辞は、英語のmouth、高古ドイツ語のMucke、ギリシア語のmuzo, muia, muo, mustesなどにおけると同じように、mu,（lat. mu）から抽出されたものであり、こうしてmuもしくはmuoは、『唇を開くこと、もしくは閉じることによって聴き得べき音を立てること』を意味した。然るに、より後代になると、その意味が特定化せられて、たんに『話されるあるもの』ではなくて、『神性的存在態について話されるあるもの』を詮表することになった。紀元前六世紀～五世紀の詩人ピンダロスの時代には、ミュトスは明らかにこの意味を獲得している」[2]。

それからまた、ギリシア神話の研究者グリマルは次のように述べる。「ミュトスはロゴスに対立する。それは空想と理性、物語る言葉と論証する言葉との対立である」[3]。

以上の議論を参考に、私なりに「神話（ミュトス）」という語についての定義を下してみたい。まず、あるがままの現象を語るのがミュトスである。たとえば、ハトを見たらハトと意識しそのように語り記す。ミュトスの世界では、ハトを神とする人はハトそれ自体が端的に神である。それに対して、あるがままの現象に対してその意味や概念を語るのがロゴスである。たとえば、ハトを見たら平和を意識しそのように語り記す。ロゴスの世界では、ハトを神とする人はその動物の背後か深部に真善美、正義や平和の本質を見抜く。ハトはそうした本質の眷属（使い・代理）である。ロゴスは明らかに反ミュトスなのである。

確立したギリシア神話の世界では、ミュトスは存在しないか、極度に衰退している。代わってロゴスが前面に出ている。たとえば、のちにプラトンがイデアに関連づけることになる普遍の本質は、なんら具象性をもたず神的・不可視的なものとなっている。一方に、時間の静止する点としての世界（永遠の存在）＝アイオン（永遠）とカオス（混沌）を想定し、他方に、時間が経過してできる線としての、森羅万象生成の世界（生成の系譜）＝クロノス（時間）とガイア（空間）とを想定するならば、ギリシア神話の成立する現場は、アイオンとクロノスが交差している。過ぎ去っていくようでいていつしか元に戻り、円環を描く。一つの円環においては時系列が存在するものの、神話に登場する物語はア・トポス（時空を超えて偏在すること）を特徴とする。似たような物語は別の場所や別の時代に再演されて系譜（ゲネアロギー）をつくっている。ウラノスのゲノス→クロノスのゲノス→ゼウスのゲノス、と進む間に、神話には真善美、正義や平和といった意味＝本質が付与され、一見すると具象的な展開のなかに意味＝本質が語り継がれるようになった。こうして、かつて先史野生のペラスゴイ人のもとでは具象のままの展開であったミュトスは、有史文明のギリシア人のもとでは抽象の展開するロゴスに変貌していったと言える。
ミュトスからロゴスへの転化の過渡期を生きたヘシオドスの『神統記』に関連させて、研究者パウラ・フィリップソンは次のように明言している。「その詩人にとっては夜の感覚されうる諸現象がとりもなおさず夜の意味であり、夜の作用であり、またそれに内在する規範でもあるのである。内と外は――ゲーテの表現を用いてよいなら――分離しているのではなく、夜の神的本質としてのもろもろの現象の総体となってあらわれているのである。なぜなら、現象の背後や上に神の存在があるのではなく、現象がすなわち神的存在、神の本質なのだからである[4]」。

また、ギリシアの東方に存在したメソポタミア地方の先史神話「ギルガメシュ」に関連させて、研究者リヴガー・シェルフ・クルーガーは、次のように述べている。「原始的心性にとって、事物はまったく異なった意味をもつ。われわれが精神的あるいは物質的とよぶものは、彼らにとっては区別されていない。（中略）身体が魂であり、魂が身体である。身体に関わることがきわめて精神的であり、心に関わることがきわめて物質的なことがある[5]」。

ギリシアの神話世界はオリエントの神話世界と重なっている。たとえばゼウスの妹デーメーテールは、最初エジプトか黒海のかなたかで崇拝されていた頃は、なによりもまず穀物の神であっただろう。接頭語の「デー」は、ガイアの語原「ゲー」と同じであり、大地を意味する。「デー」はまた、大地から芽吹く「穂」をも意味する。「メーテール」は「母（mater）」ないし「物質（materia）」を意味する。デーメーテールとは、ようするに大地母神、穀物の母神なのである。

ここまでがミュトスである。それ以外のこと、たとえば誰それの子だとか誰それの妻だとかは、ロゴス＝狡知の介入をみた結果をさらけ出している。ケレーニイは、無意識ながら、デーメーテールをクロノス・ゼウスと結びつけるのでなく、ペルセポネー（コーレー）と結びつけることによって、デーメーテールのなかにミュトスを読みとっている。(6)

ギリシア神話からヘブライ・キリスト教神話にうつろう。ヘーゲル学派のシュトラウスは『イエスの生涯』（一八三五〜三六年）のなかで、聖書物語に結実することになる様々な口承や伝説はすぐれた個人の意識的な作為ではなく、民衆の精神、共同体の精神であり、その物語の舞台となっている民衆（共同体）や時代の産物であるとした。シュトラウスの言う神話とは、何らかの実生活を土台にして民衆の想像力が産み出したものなのである。(7)

その際、伝達の手段は文字でなく民衆が自ら発する言葉だった。また、信仰の対象は超然たる神霊ではなく、聖者の遺骨だった。古代においてキリスト教徒とは何か？　それは、ブッダの遺骨＝舎利を崇拝する仏教徒と同様、聖者の遺骨を崇拝する原初的信仰者のことなのである。キリスト教徒とは姿なき神イエスを崇拝する者という観念は、古代世界ではむろん中世カトリック世界でも実に不自然なものであった。とくに下層社会ではながくキリスト教が浸透する以前の神々が信仰されていたし、キリスト教に改宗してからでも、それに土着の民間信仰をうまく適応させていた。遺骨信仰はその代表例である。

以上の議論や解釈を参考にミュトスとロゴスの関係を整理すると、次のようになる。我々が常識として知っている神話はミュトスでなくロゴスである。では、前者から後者への展開すなわちロゴスの意味での神話の成立はどのようにしてすすんだか、その問題を次節で検討する。

二　ミュトスからロゴスへ、あるいは神話の非神話への転用

先ほど記したメソポタミア最古の叙事詩ギルガメシュ神話には、「エンキドゥ」という始原の人間が登場する。彼は、主人公でウルクの王ギルガメシュがあまりの暴君であったため天の神アヌが創造神アルルに命じてライバルとして粘土から造らせた野生人である。エンキドゥは、文明を謳歌するギルガメシュの後に登場するものの、位置づけとしては文明を知らない先史人を意味するであろう。本章で問題にしている神話の世界は、ギルガメシュでなく、エンキドゥに相応しいと言える。あるときエンキドゥはギルガメシュのために斧になり、ギルガメシュはその斧でレバノン杉の森に遠征しこれを護る番人フンバッハを殺した。このレバノン杉は、先史の母神ないし母権を意味していた(8)。こうしてエンキドゥは本来は自分自身と同一であった自然を征服する勢力＝文明人に変質していくが、それは同時に自己の破滅ともなって、死を迎えることとなった。すなわち、叙事詩ギルガメシュはエンキドゥの死をもって、物語がミュトスからロゴスへと転じていくのであった。

レバノンは東地中海沿岸のシリア地方にあり、古くからフェニキア人が商業活動の拠点にして

いた。彼らはレバノン杉で船をつくり、地中海貿易を独占した。その全盛期は、エーゲ文明が滅ぶ前一二世紀からアッシリア帝国の台頭する前八世紀にかけてである。その末期にはギリシアにホメロスがあらわれたが、その頃までに地中海海域では、デーメーテール信仰に代表される母権制的社会が衰退し、代わってアポロンやゼウス信仰に象徴される父権制的社会が出現した。その段階では、神々の姿は不可視となり、代わってさまざまな偶像が考案されるに至っている。先史野生ペラスゴイ人が信仰する神々は山や石、樹木、あるいはワニの鱗だったりした。これらはミュトスに相応しい神体＝具象神だった。偶像は考えられず、したがって存在していない。ところが、民族移動の後に出現した有史文明ギリシア人が信仰する神々は真善美や正義・平和であり不可視であったものの、それを包込む偶像はかような抽象神を体現する形姿をしており、その究極の形姿はミロ島のヴィーナスに窺われるのだった。(9)

こうして始まった〈神話の文明化〉＝〈神話の非神話化〉は、やがて宗教的な領域を中心に、社会のさまざまな分野に適用されていくこととなる。その一つに中世から近世にかけて流行した魔女狩りがある。これは、古くはモーゼの十戒に記された異教信仰の禁止に前例をみるが、その後キリスト教に支配されたケルト・ゲルマン社会での異教信仰の禁止に直接的な起原を有する。(10)

ところで、魔女に関連する研究として、上山安敏は安田喜憲編『魔女の文明史』所収論文「魔女裁判」のなかで次のように類型化している。「『魔女と魔女裁判』というテーマはヨーロッパで盛んになったが、それには魔女の生態を民族学的な方向からみていく考え方と、現代社会の我々にも身近な魔女狩りを政治学的な方向からみるというふたつの考え方がある。……それらをどのようにしてひとつのなかに統合していくかが、本章のひとつのテーマになる」[11]。

　さて、魔女という自然界には存在しないものの「生態」とは、いったいどのように解釈したらいいものであろうか。ようするに、魔女は生き物として実体的に存在したのではなく、表象として社会的・文化的に存在してきたのである。したがって、「魔女と魔女裁判」というテーマは表象としての魔女をめぐって取り扱われてきたと言える。魔女の出没するところ、必ずやその出現を促す社会的ないし文化的要因が潜在していると言えるのである。魔女狩りは、そうした要因を前提にして成立したネガティヴな神話なのである。そうであるから、魔女狩りの神話は現代社会にも適用しうる。

　環境考古学者の安田喜憲は前掲編著の「序論――アニミズム・ルネサンス」と「あとがき」で、アメリカ軍のイラク攻撃を前近代の「魔女」ないし「魔女狩り」に関連させているが、そこではアメリカ軍ないしキリスト教徒が迫害者に括られている。一九七〇年代以降アメリカではよくそうした現象が生じる。その際、ここでいう「魔女狩り」は比喩的なレトリック、一種の表象である。イラクに実際に魔女がいて指導しているわけではない。また安田喜憲「魔女を殺し自然を破壊する文明の闇からの離脱」にはこう記されている。「今こそ必要なのは、アニミズムの神々を殺し、森を悪として破壊し、魔女を生み出し、闘いを止めることのできない『力と闘争の文明』の闇からの離脱なのである」[12]。この、文明を一方的に退けようとする態度は短絡的な発想である。

この種の研究の難点は、歴史的コンテキストを背景にまで退けていることである。あるいはまた、「魔女」という表象を「悪」というレッテルに使用するといったイデオロギーに傾きがちである。だがそれだけに、魔女狩りが現代でも神話として意味をもち通用するのである。それは、神話のなかで攻撃にさらされた人びとをして、公然非公然を問わずいっそう結束させ、ときにはカウンター・ミュトスを産むという点でも、効果があると言える。

次に、一九世紀を代表する革命理論であるマルクス主義における神話ないしその意義について検討してみよう。それはマルクス主義の発展神話とでも命名できるものである。すなわち、マルクス主義の中核をなす唯物史観においては、社会とその歴史は総体としてみると必ず進歩していく。正常つまりヨーロッパ的であればモノクロニカルに発展する。ヨーロッパ＝正常というこの発想自体は、一九世紀から二〇世紀にかけて、イデオロギー的な立場を超えておおかたの人びとに受け入れられてきた。

それからまた、マルクス主義よりもまずはダーウィニズムの名において、一九世紀は進化主義・進歩主義の世紀であった。ただし、ダーウィン本人は、けっして進化と進歩を等値しなかった。適者生存はときにある器官の退化を助長してきたからである。(13) しかし一九世紀人は進化と進歩を等値にして、人類社会の発展神話を創りあげたのである。その神話はちょうど一八七〇年前後のアメリカ、ドイツ、イタリア、そして日本にピタリと当てはまった。これらの諸地域では、当時そろって国民国家が誕生したのであった。それに対してマルクス主義のみが結果を出すに至らず、〈革命の必然性神話〉は未だ革命歌「インターナショナル」の歌詞にのみ描かれるのみであった。――「立て飢えたるものよ、いまぞ日は近し！」

飢えたり搾取されたりするとストライキや暴動、革命に決起する、という神話は、ようやく一九一七年にロシアで結果を生んだ。しかし、それから八〇年ほどして、飢えても搾取されても誰も革命に決起しない状況が欧米を中心に蔓延し、〈革命の必然性神話〉は人びとを惹きつける魅力を喪失した。二〇世紀にあっては、革命への情熱よりも物質的繁栄の欲望の方が新たな神話形成に力を発揮していく。その方向において成立したのが、科学技術神話ないし近代化＝合理化神話である。

三　二〇世紀における近代化＝合理化神話

世界大で環境破壊が進行し、その悪影響を懸念する今日、先進諸国の人びとはもはや近代化＝工業化・合理化の神話に騙されはしない。ただし、そのように悟るには甚大な対価を払うこととなった。けれども、すでに一九六〇年代に欧米型近代化の欠点を見抜いて独自の未来を構想していた人物がいた。その人物とは、アフリカ西海岸ギニア・ビサウの民族解放指導者アミルカル・カブラル（一九二四〜七三年）である。

カブラルは、上記の問題に関連して次のように主張した。ギニア・ビサウは欧米先進諸国にならって工業化一辺倒で進むのはただしくない。さりとて、旧来のまま農業にしがみついているのも間違っている。では、その中間がいいとなるのか？「中庸が最善と考える者は多いが、それは本当ではないのであって、良いこととは、一方の側と他方を総合して前進する術を知っていることなのだ。一方と他方を総合し、ある国で正しい途を採るということは、真ん中に留まるということではない——真ん中には出来ることは何もないのだ」[14]。近代化の目標は、国家だけが豊かになることでなく、地域だけが豊かになることでもない。肝心なのはまずもって個人が豊かになること、それも内面からそうなることである。地域や国家が豊かになるのは、個人の豊かさの前提や保証としてでなくてはならない。もし近代化によって個人の豊かさが削がれるようであれば、その政策は拒否すべきものとなる。そうした認識はアリジェリア戦争をルポルタージュしたフランツ・ファノンやキューバ革命を指導したチェ・ゲバラにも共通している[15]。カブラル、ファノン、ゲバラの三人に共通する信念、それを私なりの用語で表現するならば、ロゴスとしての神話でなくミュトスとしての神話に民衆の将来を見通す、ということである。

アフリカでなくとも地球上いずこでも、農業は近代西欧的な発想である経済効率神話（ロゴス）を受け入れない。農業は資本主義的な経営をも受けつけない。自然相手の営みであるからどのような不測の事態が突発するか知れない。労働価値説は妥当しない。だから、農業および農業経営の近代化はできても、農業の工業化つまり工業として作物を生産するということはできないのである。アメリカの穀物メジャーと結んだ農場経営者は石油から穀物を作りだすが、その方法は環境、資源などの諸問題に突き当たってしまったではないか。かつて、久野収は次のように述べていた。「工業化は機械的再生産のできる第二次産業には効いても、農業とか漁業、林業など、直接、大自然を相手にする第一次産業には効かない。第一次産業をどうするかという問題の解決策は、近代経済学にはもちろん、マルクス経済学にもないと、宇野弘蔵さん（経済学者）も同意してくれた」(16)。

また、農業は林業および漁業と密接に関連しているので、農業だけの工業化はほかの林業・漁業にダメージを与えることになる。漁民は山に樹木がないと失業しやすくなる。山にたまった腐植土は川に流されて平地に堆積し農産物を育てる。土壌微生物は不必要な農産物をも分解し、こうしてできた腐植土は再度海に流れこみ海中生物たちの食料となる。それで素晴らしい循環が成立してきたのである。農業が持っているこうした循環システムは、従来工業には乏しかった。だが工業においてもリサイクルは絶対に欠かせない。むしろ、工業こそ農業の長所を見習うべきなのである。

ギリシア語に「オイコス」というたいへん含蓄に富む言葉がある。これは「住む場所」とか「家政」という意味になるのであるが、その言葉から「エコノミー」と「エコロジー」が派生してきた(17)。私たちはエコロジーと調和のとれたエコノミーを営まねばならないのである。特に前者を破壊してまで後者を追い求めてはならない。今、前者は工業に代表され、後者は農業に代表される。二一世紀はエコノミーでなくオイコスとしての生産を、自然と人間の共生神話のスローガンとして掲げるべきである。その際、エコロジーの精神は紛れもない神話である。エコロジーがなぜ神話かというと、とりわけ環境倫理学では、自然を擬人化し〈自然の権利〉をうち立てた上で、人間と自然の共生を唱えているからである[18]。

二〇世紀における近代化＝合理化神話（ロゴス）の最後として、科学の無謬性をみておこう。科学技術の安全神話とか、ハイテク製品の無謬性とかである。そのうち前者の事例としてただちに想起されるのは原子力施設での事故である。一九八六年に旧ソ連でチェルノブイリ原子力発電所で原子炉が爆発し大規模な放射能漏れ事故が発生したとき、日本の原子力委員会は、同様の事故は日本では絶対にありえないと断言した。原子力行政の安全管理基準、設備の信頼性、作業者の技術レベル、総てにおいて日本は世界最高水準にあると宣言した。ところが、一九九〇年代に日本国内で幾つかの原発事故が起きた後、一九九九年、茨城県東海村のウラン燃料加工会社ＪＣＯで、ウラニウム臨界事故が発生し、ここに原子力神話は崩壊した。

ところで、原子力は、アインシュタインの相対性理論、プランク、ボーアらの量子論を土台にした原子物理学の発達にともなって利用価値を高めてきた。だが残念ながらこのエネルギーは、一九五七年に発せられたゲッティンゲン宣言すなわち平和利用のためにのみ原子力研究を行なうとの宣言にもかかわらず、軍事利用される傾向を強めた。第二次世界大戦中のアメリカで、イタリア人フェルミはシカゴ大学原子核研究所で原子炉製造と原子核破壊、原子力エネルギー創出に成功したが、それによって得られた実験結果はすぐさまアメリカ軍によって原子爆弾に応用された。以後、核爆発実験は一九四九年に旧ソ連で、一九五二年にイギリスで、一九六〇年にフランスで、一九六四年に中国でも成功した。こうした事態に対して核保有国を含む国連加盟諸国は、一九九六年九月国連総会で、爆発を伴うあらゆる核実験を禁止する包括的核実験禁止条約（CTBT）を採択し、調印した。これに激しく反発した国の一つインドは一九九八年五月に核実験を行ない核保有国となった。また同月、インドに続いてパキスタンも核実験を実施し、核保有を宣言するに至った。

二一世紀の現在、原子力神話は技術面でも利用面でもほぼ崩壊したと言える。しかし、人びとは原子力という一技術を放棄してもどうにか生きられようが、その欠を補う代替技術や省エネ技術、環境保全技術等、何らかの技術神話を物語らないでは、けっして未来を生きることはできない。神話一般はけっして放棄されないのである。詳しくは本シリーズ第6巻第5章「フクシマ以後における新たな科学論の構築へ向けて」に委ねる。

四　二〇世紀神話のアクチュアリティ（1）――ファシズムとコミュニズム

現代人が未来を生き延びることができるか否か、それは科学技術のみにかかっている訳ではない。それ以上に、資本主義の歪みを克服する新たな社会制度、政治制度にかかっている。これまでの一〇〇年、すなわち二〇世紀には資本主義と社会主義が大きな神話物語をつくってきた。それにファシズムを加えるならば、二〇世紀には三つ巴の様相を呈して社会形成神話が併存したのである。その際、神話の次元では三者は別物であったが、神話を産み出す現実の諸局面では相互に関連しあっていた。本節では、三者は神話としては敵対するものの、現実においては入り組んで関連していたという、その問題を検討する。それはまた、民主主義の無謬性という神話を揺すぶる問題でもある。

まずは民主主義の衆愚性を考えてみよう。周知のように、古代ギリシアの民主主義は奴隷制という経済基盤の上に立っていた。その上に、ギリシア諸ポリス、とりわけアテネの自由市民は、前五世紀ペリクレス時代に民主政治を完成させた。すなわちアテネでは、一定の年齢（一八歳）に達した男子に市民権を与え、彼らは全員が公共広場に集まって民会（エクレシア）を開き、政治上の討論を行ない、行政の為の評議会員や裁判官——おおよそ輪番制——を抽選によって選んだ。このように、アテネそのほかのポリスの市民は、全員が民会を通じて直接政治に参加した。だがこの民主主義は、ポリスという社会がア・プリオリに前提となっており、ポリスを離れた個人の存在はありえず、したがって個人の意志の反映としての民主主義という次元に立脚してはいなかったし、人権の保障という概念も——人権そのものの概念が欠如していたのだから当然だが——生まれていなかった。

ところで、アテネでペリクレスの時代に民主政が成立した原因として、よくペルシア戦争（前五〇〇~前四四九年）での平民の活躍とそれによる彼らの発言力の増大が挙げられる。しかし、このような平民階級が多数参加するような統治形態たる民主政に対して、かのギリシアの大哲学者ソクラテスやプラトンは否定的であった。たとえばソクラテスによれば、「汝自身を知れ！」の格言に象徴されるように、人は知識（Episteme）によってのみ道徳生活を確立し得、ポリスにおける政治にしても、知識ある人によって担われてこそ保障され得る。よって治者は少数となる。それからプラトンは、平等化主義およびその具現である民主政（Democracy）を排撃し、「哲人政治」すなわち貴族政（Aristcracy）の方を高く評価する。彼にとって、実際的に行なわれていたギリシアのDemocracyは衆愚政治（Ochlocracy）ないし暴民政治（Mobocracy）としてのそれに映ったのである。大衆を軽視するプラトンにとって最良の政体は貴族政である。もしこれが腐敗すると、まず金権政治（Timocracy）になる。その結果やがて政治権力が少数者に握られて寡頭政治（Oligarchy）に堕落する。これは必ずや大衆によって批判され、そこから民主政（すなわちプラトンにとっての暴民政）が出現し、さらにその反動として僭主政（Tyranny）が民主政にとって代わる、とプラトンは考える。[19] ただし、現実の歴史上では、僭主政は金権政治から民主政への過渡期に出現した。

さて、二〇世紀初頭のドイツでは民主主義から、衆愚政と連動した独裁政が生まれた。すなわち、ワイマール民主主義は国民投票など手続きとしてのみ用いられ、形骸化し、プラトンの言う衆愚政治に依拠した独裁政に道を譲ったのである。そうなると、以後はどのような社会政治現象が生じるか、この問題について、ライヒは彼独自の「大衆の性格構造」理論から次のように説明する。

「『穏やかな』ブルジョワ民主主義の時代に、あくせくしている工業労働者は原理上二つの可能性のいずれかが彼の前に開かれている。一つは、地位が上だと考える中産階級との同一視であり、いま一つは、反動的形態と正反対の生活形態を生み出す彼自身の社会的立場の同一視である。前者は、中産階級の反動性を妬み、時には模倣しながら——経済的な機会を与えられるなら——、その生活をまるごととり入れる途を択ぶ。他方、後者は、反動のイデオロギーと生活形態を拒否して労働者階級独自のイデオロギーと生活形態をとり入れる。前者の社会生活も後者の階級生活もともに同じ影響にさらされているので、いずれの方向からも同質の強い牽引力がはたらく[20]」。

労働者たちは、鉄鎖のほか何も失うものをもたないような生活苦からはい上がりたい、中産階級の方に上昇したいと願う。しかし、労働者はいくらドレスアップしてみても所詮心根からして労働者だ、などと当の中産階級に差別され見下されていると感じるや、労働者たちはいっそう劣等意識を深めたり絶望したりするものの、反転して階級格差の廃絶を唱える二勢力、すなわち社会主義とファシズムのいずれかを熱烈に指示するようになる。その際、ファシズムの神話物語においては、まずもって古代ギリシア人をゲルマン人と同じ人種として北欧人種に括った。一九三六年ベルリン・オリンピックにおけるギリシアからのトーチ（聖火）リレーとアスリートたちの肉体美の誇示は、神話の奥深さを演出してあまりあるものだった。その上で、ギリシア人以外たいがいの諸民族を非アーリア系に一括して排外する筋書きを用意し、労働者の階級意識をショーヴィニズムで塗り替える運動に血道をあげた。それに対してマルクス主義の神話物語においては、社会的窮乏化の進行は労働者に階級意識を自覚させ、彼らはインターナショナルの崇高なる連帯感を抱いてヨーロッパ的規模でのプロレタリア革命に決起する、あるいは、資本主義の矛盾はそれ自身の弁証法的な深まりの先において、共産主義革命という解決の突破口を切り開く、という筋書を用意した。

両勢力とも民主主義を用いて解放神話を説いたということでは同列だったが、その内容においては相互に次元を異にしていた。ナチズムはドイツ・ナショナリズムを高揚させる内容であり、マルクス主義はそれを削ぎ落としインターナショナリズムを高揚させる内容であった。第一次世界大戦で英仏に敗北し亡国の淵に立たされたドイツ人にとって、魅力ある神話は、どちらかと言えばナチズムの方であった。

ところで、神話は過去に意味を添えるばかりでなく、むしろ未来を積極的に語る。「日はまた昇る」など円環をなすにせよ未来まで構想するのが神話であるとするならば、それは神話と言わずユートピアと称する方が適切である。それほどに、ユートピアもまた神話と深く結びついている。羽仁五郎によれば、ユートピアの発生はそれを抱くものの自己解放に関係する。「現存の社会と対立し、それを圧迫と感じ、これを批判し、より高き目標に向かってこの現在より解放されようとする」[21]のがユートピア精神である。円環をなすにせよ、未来を語らない神話、未来を意識しない神話などありえるはずもない。したがって、あらゆる神話は同時にユートピアであるとも言える。

五　二〇世紀神話のアクチュアリティ（2）――ファシズムと家族神話

ユートピア（utopia）には対になる語「ディストピア（distopia）」がつくられている。逆ユートピアである。たとえば、共産主義はすべての権力を否定する、と豪語してつくられる社会に最強の独裁権力が登場する、といった現象を指す。フーコーのように「権力関係は社会的結合に深く根ざしており（……）権力関係なき社会とは抽象にすぎない」。と言い切れる者は抱かない幻想であるが、[22]神話としては重要な現実的意味を有する。その問題について、ここでは家族に絞って検討しておく。研究者ニコラウス・ゾンバルトが『男性同盟と母権制神話――カール・シュミットとドイツの宿命』で述べるところから入ろう。[23]シュミットを論述の対象にしてはいるものの、ゾンバルトの眼目は、バッハオーフェン『母権論』に依拠した家父長制家族からの人びとの解放、ないしは端的に家族の廃止にかかわっている。

「自由な性とは、単一婚、家父長制的家族、国家といった、女性を抑圧するさまざまな社会的抑圧を廃棄する女性解放とほとんど同じ意味を持つ。家父長制的機構に代わって乱婚制と女性共同体、いや女の支配が始まるだろう。言葉を換えれば、無政府状態の勝利は『永遠に女性的なもの』の勝利を意味する。『厳格に父権に基づく一夫一婦制家族は［……］首尾一貫したアナーキズムとは矛盾する』（『現代議会主義の精神史的境位』）というカール・シュミットの指摘は正鵠を得ている[24]」。

「間違いなく言えることは、『母権論』の著者がヴィルヘルム期において反プロイセン的反家父長制的な対立文化の代表的思想家の一人であったことである[25]」。

「『大地のノモス』（一九五〇年）の序でシュミットは『母権論』の作者バッハオーフェンの名を挙げ、偉大な先人として崇敬を捧げている。『ノモス』は『法（レックス）』や『ロゴス』といった家父長的秩序に属する語よりも、女性主導的、母権的民族集団（大英帝国もこの集団として出現する）の本質を理解するに適していることからすれば、必ずやバッハオーフェンの意に適うことだろう[26]」。

「『母権制』は本質的には神話であり、ユートピアであり、幻想である。歴史的現象として見れば母権制は十九世紀の思想史・精神史に包括される神話的素材である。（中略）『父権制』の現実と、それに疑問符を付し、戦いを挑むおしとどめがたい変革の力動の隠喩としての『母権制』神話。（中略）政治、社会、経済、文化、そのどの領域のものであれ、近代におけるさまざまな闘争が父権制と母権制の形作る緊迫した磁場のなかに書き込まれていることを見ないとすれば、この時代について何一つ理解したことにはならない[27]」。

上記の引用文のうち、最初の二つはシュミットが家父長主義者・反バッハオーフェン論者であった時代のもので、最後の引用文は第二次大戦後のバッハオーフェン礼賛に転向した段階のものである。この二例を引くことにより、ゾンバルトは二〇世紀の神話としての「母権」を論じたのである。

次に、同じく神話のレベルで家族を論じているライヒの言説をみる。「国家の帝国主義化は家族の帝国主義化においてイデオロギー的に再現される[28]」と考えるライヒは、人びとの心がファシズムへと向かわないようにするには大衆の性格構造を変革することが肝心で、それには、性の革命を軸とする家父長制的家族の解体が必要と考える。ライヒは性の解放ないし家族の解体を口にするが、彼においてその改革は、ファシズムの大衆心理を解体する基点となるものであった。「経済の単位は必然的に、個人的な関係となり、そういう関係は結局、その単位を性関係の集団にもするのだ。ちょうど未開社会で家族が氏族をほろぼしたように、経済にもとづく集団が家族をほろぼすのだ[29]」。

その際、ライヒが掲げる家族の解体に氏族の時代を関係づける手法もまた、一種の神話づくりである点を確認するべきである。ファシストのなかには、家父長的家族の反対物である母権的原理を攻撃する者がいて、ライヒはその攻撃から母権的な原理や制度、思想を擁護している。なるほど、ライヒは先史時代に存在したと考えられる制度の未来における復活、再生という単純な構えを採用してはいない。彼は母権を支えたのは先史の氏族制度であり、これが未来に再生するとは考えず、今後はむしろ端的に個人が経済単位になると考えている。しかし、それでもなお、過去の遺制を未来のスローガンに含ませる手法は、やはり、神話の手助けを借りるものといって差し支えなかろう。

ただし、母権神話を云々する前に、まずもって父権神話が威力をもっていた点を確認する必要がある。人びとは、万能の神々が必要なときにはこれを求め、万能の指導者が必要なときにはこれを求める。ニーチェによって神の死が宣告された後のヨーロッパ思想界に、やがてニーチェが力説した超人が登場する。こうして、神を超える、ないしは神を無用の長物とする家父長的カリスマの神話が成立したのである。

その筋書きにおいて女性は、男に対する女の位置でなく、家族を慈しむ母親の位置をもって登場する。もし、家父長的指導者が母権的原理を讃えるとすれば、それは女性としての女でなく、母性としての女の役割を強調するためである。家父長を倒す女でなく、家父長を下支えする女を演出するため、ときとしてファシストは母権的原理を援用する。あるいは神を超えるカリスマが最強の神としてのユダヤ教の父神ヤーヴェを攻撃するために、男神父神によって滅ぼされた先史の女神母神を担ぎ出すのであった。

二〇世紀神話形成におけるファシズム思想と母権思想の関連については、およそ次のように概述出来る。(30)『母権論』著者バッハオーフェンが一八八七年に没してしばらくすると、彼の業績は再評価のテーブルにのる。この動きに先鞭をつけた人物の一人アルフレート・シェーラーは、バッハオーフェンが説く母権時代の宇宙論的シンボルとして卍象徴を説いてまわり、後に誤ってナチスのハーケンクロイツの創案者として歴史に名を残す。また、シェーラー自身からして、ユダヤ教を母権的宗教の対極に位置する父権的宗教として憎悪し、その意味で反ユダヤ主義に立ったといわれている。そこから、バッハオーフェンはヒトラーの思想的教師・先駆者であったかの謬見が醸し出される。その反対に、オットー・グロースは、バッハオーフェンによって主唱された母権思想を共産主義と結びつけ、父権社会の転覆＝母権社会の復活を共産主義の実現と同一視するといった短絡ぶりを示した。だが、カジミール・フォン・ケレス‐クラウスによれば、当のバッハオーフェンは「家母長制（Matriarchate）と女人支配（Gynaikokratie）を決して最高の社会的存在形態とはみなしておらず、いわんやそれらに復帰するのを望ましいとは思っておらず、逆にそれを戒めた[31]」。

共産主義との関連は措くとして、ここではシェーラーによってファシズム思想に援用される母権思想に注目しておきたい。バッハオーフェン存命の頃、母権思想はマルクス、エンゲルスといった社会主義者・共産主義者の注目するものであった。そこではたしかに原始共産主義社会としての母権制の未来における復活が神話の一章をなしていた。それと同一の思想が、二〇世紀初頭に至って反ユダヤ＝反父権の有力な神話に転用されることとなったのである。

以上で、ファシズムに関連させて幾つかの神話物語およびその形成について議論してきたが、ここでもう一度、そうした神話自体はけっして悪でもなければ異常でもない、という点を確認しておきたい。また、神話どころか、それと深く関連しているファシズムやコミュニズムもまた、一方的に悪とか異常とかのレッテルをはることはできない点を力説しておきたい。ファシズムは特異な現象という神話は、民主主義は正常で健全なものという神話と同等に扱うべきだということである。それに関連して、ライヒは次のように言っている。

「こんにちにおいてさえ、誤った政治的判断の結果としてファシズムは、ドイツや日本の特殊な国民性としていまなお考えられている。この誤謬の頑固なまでの意固地さは、真実を認めるのが怖くてたまらないからだ。ファシズムは、いっさいの国家の、人間社会のいっさいの組織にたちまち普及する文句なく国際的な現象なのである[32]」。

また、わが国のナチズム研究者村瀬興雄は、およそ次のような議論を堅持している。

①ナチス統治下においてヒトラーやナチス党の大幹部だけが「狂気そのもの」の決定を行なっていた、という定説は覆されつつある。第三帝国においても、政策決定やその遂行にあたっては、各種支配グループのあいだで討議が行なわれており、それなりの理由と支持とによって政策が遂行されていたことが判明したのである。ファシスト治下の国民生活と、他の独裁国家や多くの文明国家の国民生活とのあいだには、普通考えられていたよりもはるかに多くの共通点があったことが承認されつつある。

②ファシズムを現代世界とはまったく性格の違う「異常」現象や暴政と考えないで、帝国主義一般のなかにおいて考え、帝国主義のもつマイナス面を極端な形にまでおしすすめた一つのタイプとして捉えることが必要であろう[33]。

先史のミュトスを「ミュトス神話」とし、文明の神話を「ロゴス神話」として両者を区別するとすれば、二〇世紀の神話はむろん後者に属する。ロゴスある限り、何らかの意味内容を含む。したがって、神話は民主主義をもファシズムをも、そしてコミュニズムをも包み込み、これらにアクチュアリティをもたせるということは、理の当然である。「人権」概念もまた神話形成の中核に位置づけられてきたことは、もはや異論のないところであろう。フーコーは、「権力関係なき社会とは抽象にすぎない」としたが、なるほど、権力関係なき人権もまた抽象にすぎない。しかし、その抽象が神話を形成するや絶大な社会的政治的な力をもつことを、私は認めているのである。[34]

むすび

ライヒは、大衆の性格構造には非合理主義が内在しているとみる。[35]その際、非合理主義は合理主義の反対物ではあるものの、価値として固定したものではない。たとえば、おおかたの人びとは正義を愛し悪を憎む。ファシズムを非合理主義に結びつける。それが間違っているわけではない。しかし、合理主義＝正義、非合理主義＝悪、という等式は必ずしも成り立たず、等式の組み合わせは別様にもなる。あるときには合理主義が悪とみえ、あるときには非合理主義が正義とみえることは自然な成り行きだということである。歴史上では、合理の時代と非合理の時代が交互に重なって継起した。一八世紀の啓蒙的合理は一九世紀前半のロマン主義的非合理の流行を産みだし、それがまた一九世紀後半の科学的合理によって沈静化された。その科学主義は一九世紀末から生の哲学など非合理の潮流に押し流された。一九世紀末に力をつけた非合理諸派はナチズムに結実したが、二〇世紀中頃にはアメリカ的合理主義が全世界を席巻した。そして今、とりわけ九・一一以後、非合理に反転した世界強国アメリカに、アラブないしイスラム的非合理が徹底抗戦の姿勢を強めている。

そして、その各々の時代に各々の神話が生まれ、各々の勢力に正当性の色合いや正義の価値意識を与えるものとして物語られてきたのである。これまで、神話といえば即座に架空のもの、悪に加担するものというレッテルを貼られてきた。しかし、本章では、人権思想もまた人びとの日常生活（現実）から生まれた神話（観念）の一つであることを認めてはばからない。人権神話は、まず一八世紀啓蒙時代に当時の日常的現実をもとにミュトスとして語られ始め、アメリカ独立宣言とフランス人権宣言では国是とされロゴス化した。それはヨーロッパでは王政復古で現実的威力を失った。やがて一九世紀後半になると社会主義諸勢力が人権神話を語り継ぎ、ワイマール憲法やスターリン憲法では国是とされた。それはファシズム時代に打ち捨てられたものの、第二次世界大戦中に国際平和を希求する勢力によって語られ、日本国憲法では国是とされた。そして今、世界大で進行する貧富格差の拡大や環境破壊の深刻化の過程で、日本国憲法も風前の灯火となり、人権思想は神話の魅力を喪失しつつある。

では、人権擁護の神話は、今後どのように語り継がれるであろうか。現在のところ、大枠では、ライヒがファシズムの超克を家族の解体の先に見通していたのと似た状況にある。ただ、現在は家族の解体よりも国家の解体が先行している。よって、二一世紀に語り継がれる人権擁護の神話は、日本国憲法（第九条）の脱国家的適用、すなわちユニヴァーサルな憲章への変更のなかにミュトスとして盛り込まれることとなろう。しかし、その問題について本章ではこれ以上言及しないこととする。詳しくは本シリーズ第5巻第6章第7章、第6巻第1章に委ねる。

最後に、本章で論じてみた幾つかの危険神話や安全神話について、それらの危険度や安全度をもう一度考えておこう。ある制度や技術があったとして、もしそれが危険であるとマスコミや政府が喧伝すると、それは危険度を増幅させる。安全度もまたしかりである。ロラン・バルトはその現象を「神話作用」と呼んで研究の対象にした[36]。かように、高度情報時代の二一世紀にあって、歴史における神話のアクチュアリティはいよいよもってその意味を増しているのである。

註

（1）アルフレート・ローゼンベルクの著書『二〇世紀の神話（Der Mythus des 20. Jahrhunderts, Eine Wertung der seelisch-geistigen Gestaltenkampfe, 1930）』について、羽仁五郎は、戦時中に書き上げ一九四六年に発表した文章「神話学の課題」で、次のように批評している。「前世紀末に流行し黄禍論などをもみちびいたホウストン・ス・チェンバレンの『十九世紀にの基礎』等の白人人種優越の感の一種たるゲルマニア人乃至北欧民族乃至アリアン人種なるものの絶対的優越感を利用してそれによって独占資本主義の政治形態たるナチスの政治的目的をおおうたもので、著者自身思想の独創性とか思索の深さとかを求めてはおらず、もとより学問的の本ではなかった。」羽仁五郎、「神話学の課題」、『羽仁五郎歴史論著作集』第三巻、青木書店、一九六七年、七七頁。初出は、『歴史学研究』一九四六年一〇月号。

なお、ファシズムのほかにコミュニズムをも二〇世紀の神話に括るのが妥当ではないかとみる宗教社会学者、古野清人の見解を以下に紹介する。「今までの宗教的基盤が取去られるときには、社会は内部から人間としての指導者の形態のもとで自ら動力を提供しなければならない。この人間的な指導者に何ほどかの神の属性と性質とを与え、非合理的な神話学や歴史の唯物的または世俗的解釈を考案することを余儀なくされるのである。恵み深い〈摂理〉に代わって、実際または仮想の敵や危機が本質的なものとして要請されてくる。軍国主義や階級闘争はそれ自ら神聖なものとされ、世界を占領する超国家または階級なき秩序が究極の目標とされる。（中略）われわれはかつて現代の民主主義的運動、社会主義的運動について、社会的神秘主義の名のもとで、それらが広義の一種の宗教運動であることを指摘したことがある。それは従来の霊的有機体や神聖な秩序としての社会に取代わった社会運動である。文化闘争、階級闘争のプラカードはこのような運動を凝集させる標語であり象徴である。生々の流転をやめない社会集団は不断に新らしい理想を創造して、自己の再創造を試みる。その運動はすでに宗教に近いといえよう」。古野清人『宗教生活の基本構造』社会思想社、一九七一年、三六四〜三六五頁。

（2）村松武雄『神話学原論』培風館、一九四一年（初版一九四〇年）四〜五頁。引用にあたって、旧字旧仮名遣いを新字新仮名遣いに改めた。

（3）ピエール・グリマル、高津春繁訳『ギリシア神話』白水社、一九九二年、七頁。

（4）パウラ・フィリップソン、廣川洋一・川村宣元訳『ギリシア神話の時間論』東海大学出版会、一九七九年、三四頁。

(5) リヴガー・シェルフ・クルーガー、氏原寛監訳『ギルガメシュの探求』人文書院、一九九三年、三九頁。
(6) カール・ケレーニイ、高橋英夫訳『神話と古代宗教』新潮社、一九九二年(初版一九七二年)、一四三頁、参照。
(7) シュトラウスの神話理論について、私は次のように理解している。「聖書を神話と見る立場すなわちシュトラウスの立場からすれば、聖書において物語られた内容は絶対的真理なのであった。そのような考えのシュトラウスに依拠すれば、神話はポジティヴであり、神話は古代のみならずのちの時代にも新たに語られ続けるものである。」「シュトラウスにおいて文字(聖書)の背後にあるものは民衆の精神(Volk)、共同体(Gemeinde)の精神である。そうであるなら、シュトラウスにおいては、民衆の、共同体の、いや人類の精神は絶対的真理と一致することになる。」石塚正英「聖書の神話的解釈とフェティシズム」、『理想』第六五三号、一九九四年。二二頁、二六頁。本シリーズ第1巻第6章、所収。

また、羽仁五郎は、神話の成立基盤について次のように説明している。「呪術や崇拝や神話はどこから来るかといえば、社会生活からそれがうまれてくるので、その逆ではなく、かつ社会生活としてもそれなしには人間が一日も生きられぬ食物をうることが経済とかそうした実際の社会生活を行なうについてむすばれる社会関係・家族関係や支配乃至征服関係とか政治とかが、呪術とか崇拝とか神話などの先きに、あるいはその基礎に、すくなくともそれらときりはなしがたく結びつき、それらにともなって存するのであることは、学者の机の上だとか村落や蓄地のとおりすがりの見聞や資料採取手帳だとかではわからないかもしれないが現実に自分たちがどうして日常の生活をいとなんでいるかを考えてみてもすぐわかることである」。羽仁五郎「神話学の課題」、八八頁。

神話の成立基盤を「社会生活」(物的・合理的基盤)におく羽仁のこの説明は、神話それ自体が非合理や不条理を含んでいることと矛盾しない。合理的基盤から非合理が生まれるのは当然であり、またその非合理が原因となって合理的基盤を改変していくことがあるのも、理の当然である。神話に含まれる非合理を無知蒙昧や迷信と片付けると、神話の本質＝現実的有効性を見失うのである。その意味から、シュトラウスの神話的聖書解釈は重要なのである。羽仁は一九二〇年代のドイツ留学中にシュトラウス『イエスの生涯』を知る。総じてマルクス主義的な神話解釈にちかい羽仁の議論中に、シュトラウスの影響はたしかに垣間見られるのである。羽仁のシュトラウス言及については、石塚「聖書の神話的解釈とフェティシズム」、二〇〜二一頁、参照。

なお羽仁にはいま一つ、彼の神話学研究の出発点となった重要な論考がある。「神話学の方法および概念」、『史学雑誌』、一九二九年八月号。若い羽仁がこのように神話学に深入りしていった背景に、彼のドイツ留学がある。

「第一次世界大戦後の社会は、われわれ青年の眼の前に、古いものの没落と新しいものの生長とを示した。一九一七年ロシア革命、日本でも一九一八年の米騒動及びデモクラシィの思想、それらがわれわれをゆすぶった。一九二一年一高を卒業したぼくは、そのまま東大に入ってそこを卒業して社会に立つといういままでの生きかたが、われわれの生きかたであるようには考えられなかった。ぼくはドイツに行き哲学を学ぶことを決意し、ハイデルベルクに行った。しかし、大戦後のドイツの社会はさらにはげしく動いていた。革命の要求が反革命によっておしひしがれながら動いていた。そのドイツのハイデルベルクで、ぼくは糸井靖之や大内兵衛が経済学に新しいみちを発見しようとして死にものぐるいになって勉強しているのを見た。ぼくは三木清とともに哲学において新しいみちが発見されなければならないことを知った。ぼくは、哲学から歴史を学んだ。そして、一九二四年、日本に帰ってきたとき、ぼくは日本および東洋の歴史の研究をしなければならないと考えた。こうして、ヨオロッパから帰ってきたぼくが、日本の歴史を研究しようとして最初に読んだのが、津田左右吉の『神代史の研究』また『古事記および日本書紀の研究』であった。（それらを）読みながら、ぼくはダヴィッド・シュトラウスの『ヤソ伝』David Friedrich Strauss, Das Leben Jesu. 1835. をおもいだし、この本をもとり出して、ならべて読んだ」。羽仁五郎「つださうきち博士」、『図書』一九五〇年五月号、二頁。

（8）リヴガー・シェルフ・クルーガー、氏原寛監訳『ギルガメシュの探求』人文書院、一九九三年、八〇頁前後、参照。

（9）先史と文明との過渡期における神観念の変化、神像の形態変化については、以下の文献を参照。石塚正英『フェティシズムの信仰圏』世界書院、一九九三年。

（10）古代～中世におけるキリスト教による異教神の悪霊視については、以下の文献を参照。石塚正英『「白雪姫」とフェティシュ信仰』理想社、一九九五年、とりわけ第五章「天上の神がサタンを殺戮している頃」。本シリーズ『社会史の思想的探究』第一巻、所収。

（11）安田喜憲編『魔女の文明史』八坂書房、二〇〇四年、九一頁。

（12）同上、四六四頁。

（13）ダーウィンが進化と進歩とを区別していたとの主張については、次の文献を参照。石塚正英『歴史知とフェティシズム』理想社、二〇〇〇年、第七章第三節「社会発展の段階と類型・ミハイロフスキー」。

（14）アミルカル・カブラル、石塚正英ほかアミルカル・カブラル協会編訳『抵抗と創造――ギニアビサウとカボベルデの独立闘争』柘植書房、一九九三年、七九頁。なお、欧米型の近代化政策・近代主義とは根本的に次元を異にするアフリカ型の近代主義に関する詳細については、次の文献を参照。石塚正英『文化による抵抗――アミルカル・カブラルの思想』柘植書房、一九九二年、とりわけ第四章「ウジャマァ社会主義とクリエンテス資本主義」、第五章「〈負の近代主義〉批判――現代ソ連をも駁撃するアフリカ」。

（15）たとえば、ファノンは次のように述べている。「ひとつの橋の建設がもしそこに働く人びとの意識を豊かにしないものならば、橋は建設されぬがよい、市民は従前どおり、泳ぐか渡し船に乗るかして、川を渡っていればよい」。フランツ・ファノン、鈴木道彦・浦野衣子訳『地に呪われたる者』みすず書房、一九六九年、一一三頁。またたとえばエルネスト・チェ・ゲバラは次のように述べている。「肉を何キロ食べようと、一年に何回浜辺へ散歩に出かけようと、現在の給料で外国から輸入する装身具をどれくらい買おうと、問題ではない。個人が内面的にずっと豊かになり、ずっと重い責任をもって、いっそう完全なものになったと感ずることこそ、問題である」。ゲバラ「キューバにおける社会主義と人間」、選集刊行会編訳『ゲバラ選集』第四巻、青木書店、一九六九年、一八六頁。

(16) 東京新聞、一九九一年一二月一二日付夕刊、掲載記事。

(17) 語句「オイコス」の語原と意味については以下の文献を参照。石塚正英・柴田隆行監修『哲学・思想翻訳語事典』論創社、二〇〇三年、二四〜二五頁。項目「エコロジー・生態・生態学」。

(18) 自然の権利については、以下の文献を参照。トム・レーガン「動物の権利」を含むピーター・シンガー、戸田清訳『動物の権利』技術と人間社、一九八六年。

(19) 服部辨之助『政治思想史―古代』早稲田大学出版部、一九七四年、七〇頁以降、参照。

(20) Wilhelm Reich, Die Massenpsychologie des Faschismus, Köln, 1986, S.80. ヴィルヘルム・ライヒ、平田武靖訳『ファシズムの大衆心理』せりか書房、一九七二年、上巻、一二一頁。

(21) 羽仁五郎「ユウトピア」、『羽仁五郎歴史論著作集』第四巻、青木書店、一九六七年、五二頁。初出は『講座世界思潮』岩波書店、一九二九年。

(22) ミシェル・フーコー、渥海和久訳「主体と権力」、蓮実重彦・渡辺守章監修『ミシェル・フーコー思考集成4』筑摩書房、二〇〇一年、二七頁。

(23) Nicolaus Sombart, Die Deutschen Männer und ihre Feinde. Carl Schmitt. Ein deutsches Schicksal

zwischen Männerbund und Matriarchatsmythos, Wien, 1991. ニコラウス・ゾンバルト、田村和彦訳『男性同盟と母権制神話――カール・シュミットとドイツの宿命』法政大学出版局、一九九四年。

(24) Sombart, ibid., S.97. 田村訳、一一七頁。

(25) Sombart, ibid., S.128. 田村訳、一五五頁。

(26) Sombart, ibid., S.304. 田村訳、三八〇頁。

(27) Sombart, ibid., S.339f. 田村訳、四二四頁。

(28) Reich, Massenpsychologie., ibid., S.72. 上、一〇九頁。

(29) Wilhelm Reich, Die Sexuelle Revolution, Frankfurt a. M., 1971, S.166. ヴィルヘルム・ライヒ、中尾ハジメ訳『性と文化の革命』勁草書房、一九六九年、一七二～一七三頁。

(30) 臼井隆一郎編訳『バッハオーフェン論集成』世界書院、一九九二年、とりわけ第一〇章「解説論文――記号の森の母権論」参照。

(31) 井上五郎訳「J・J・バッハオーフェン論」、家族史研究会編『女性史研究』第九集、一九七九年、五～六頁。

(32) Wilhelm Reich, Die Massenpsychologie., S.13. ライヒ、平田訳、上巻、一〇～一一頁。

(33) 石塚正英「村瀬興雄教授のナチズム研究によせて」、『立正史学』第八八号、二〇〇〇年、四九頁。

(34) 神話のアクチュアリティにある種の歴史貫通性を認める文化史家に大類伸(一八八四～一九七五年)がいる。その労作『西洋文化史論考』誠文堂、一九六一年、四～五頁、に次の記述が読まれる。

「人間の歴史の発達は、神話を全然歴史化してしまうか、或は神話を歴史から追放することによって始められた。それは神話の蒙昧と混乱とに対する明断と秩序との勝利であり、また本能的欲求や情熱に対する理知の統制である。(中略)

人間の歴史は、たしかに混沌から秩序へ、暗黒から光明へと向っている。しかし前者は必ずしも後者によって一掃されてしまったのではなく、何等かの状態で依然として存続している。もとより或る時代の混沌はその外面的な形相としては消え去ったに相違ないが、それを生み出す根源的な力は無形の存在として時代の裡に生き続けている。そうして或る時期を経てその時代に相応した形相をとって再び歴史の表面に現われて来る。しかし、それはまたその時代の理性を代表する対立的な力によって克服されて、更にまた時代の裏面へと潜入してしまう。このような対立する両勢力の交渉関係は、たえず歴史の面に繰返されつつあるので、歴史を研究する者の逃れることの出来ない宿命とさえ考えられるのである。以上のごとき抵抗作用の力として現われて来るものは、歴史の上では屡々異端的なものとして取扱われ、それに対して克服し調整する力が正統的と見られることは云うまでもない。但し、正統と云い異端と云うも、結局は楯の両面であって、両者とも歴史の発展にとって欠くべからざる要素なのである。

要するに、歴史と神話とは相対立しながらも互いに人間歴史の発展を生み出す力である。われ等は歴史を輝かしい人間的所産として尊重すると共に、同じく人間の生んだ自然的所産としての神話の意義を忘れてはならない。但しここに云う神話は、原始時代そのままの神々の復活や原始への復帰を意味するのではなく、昔の神話を生み出した根源的な潜在勢力が、決して滅んでいないと云う意味である。かくして時代はいかに変遷しようとも神話は何等かの形で絶えず現われる次第である」。

(35) Reich, Massenpsychologie., S. 209. ライヒ、平田訳、下巻、三八頁。
(36) ロラン・バルト、篠沢秀夫訳『神話作用』現代思潮社、一九八〇年、一七〇頁、参照。

［付記］先史のミュトスを「ミュトス神話」とし、文明の非神話的神話を「ロゴス神話」として両者を区別するとすれば、今回は後者について詳論したことになる。前者についてはすでに別稿「デーメーテールとディオ

ニューソス」(『立正西洋史』第一八号・第一九号、二〇〇二年~二〇〇三年、本シリーズ『社会思想史の窓』本巻、所収)で縷説した。したがって、本章をもって私なりの神話論(歴史知的神話論)は一応の完結をみた。

第5章　儀礼の二類型とその意味

はじめに

論述テーマを鮮明にするため、いまここで次の問題設定を行なう。人間が人間になる前の世界を「自然的自然」ないし「裸の自然」とし、人間が自然を加工し人間自身をも人間へと加工した段階の世界を「自然の社会化」ないし「社会化した自然」とし、その「社会化した自然」がさらに再自然化した段階の世界を「社会化した自然の再自然化」ないし「物象化した社会」とする。そうすると、以下のことが導かれる。裸の自然（物的実体）＝自然的力（力の第一形態）が、労働（原始労働）による自然の社会化および儀礼による労働の組織化とを通じて、社会化した自然（生産物・生産関係）＝社会的力（力の第二形態）となる。それはさらに、分業すなわち社会化した自然の再自然化あるいは社会・生産関係の自然化を通じて、物象化した社会（商品・所有関係）＝自然的力（力の第三形態）に再転化する。

上記の理論的推移のなかで、「労働の組織化」に必要な存在として神々が産み出されることになる。儀礼は神々を産み出す行為である。それに先立って神は存在しない。儀礼（rite、ritual、cultus）とは、その後に神を創り出す行為である。たとえば、先史時代のケルト人やゲルマン人は、風に声を投げかけてこれを神となし、樹木の周りをグルグル回ってこれを神となした。先史時代の地中海人は、マルタ島などで母神の格好をした神殿をたて、ヴァギナの門から神体＝子宮にはいって声と動作の儀礼を挙行した。その際、声をかける所作＝発声すなわちレゴメノン（legomenon）と、グルグル回る所作＝動作すなわちドローメノン（dromenon）と、この二つで一つの行為が、本来の儀礼である。いま、これを「儀礼の第一類型」あるいは「フェティシズムの儀礼」と命名しておく。この第一類型の儀礼を通じて、単なるモノ（Ding）が人間と同等の存在（Wesen）になる。こうして、可視の物体や自然現象（Ding）が神（Wesen）――あるいはWesenとなったDingすなわちSache――との座につくのである。

そのことを、フォイエルバッハは十分理解していたので、「神であるもの、宗教的尊敬の対象であるものは、何ら事物（Ding）ではなくて存在者（Wesen）である」と述べることができた。また、こうも述べることができた。「あらゆる対象が人間によってただ神として、または同じことだが、宗教的に尊敬され得るだけでなく、実際に神として尊敬される。この立場がいわゆるフェティシズムである。そこでは人間はあらゆる批判と区別立てとを抜きにして、人工物であれ自然物であれ可能なかぎりすべての対象・事物を己れの神にするのだ[1]」。以上で、本章での議論に必要な問題設定をすませたことにする。

一　儀礼の第一類型あるいはフェティシズムの儀礼

高名な仏師として、平安時代には定朝が、鎌倉時代には運慶や快慶が知られる。彼らの言葉ではないが、巧みをきわめた仏師はよくこう述懐したと言われる。「私の腕がいいのではない。もともと素材のなかに仏がおわす。私はただそれを彫り出しているだけにすぎない」。はたしてそうであろうか。だれの心にも聖なる印象を植え付けることのできる技術をもつ人は、その人自身が、まずは聖なる存在に親近感を抱いているはずである。いや、その人自身がすでに聖なる存在かも知れない。そのとき仏と仏師とのあいだには、聖なる印象を媒介にしてインタラクションが働いているとみていい。

では、石仏という農民的表現に目を転じよう。あぜ道の野仏を彫り出した素朴な農民たちの場合はどうであろうか。道具といえば鍬や鋤以外に知らないような彼らは、何が原因で作仏を為すのだろうか。一、石のなかに聖なる存在がいると感じるから、それを彫り出すのだろうか。二、心のなかの聖なる存在にあいたいと感じるから、それを石に表現するのだろうか。三、石そのものが聖なる存在と感じるから、それを彫り出すのだろうか。農民たちは、たとえば打ち続く干天にジリジリし、ついに雨乞いの儀礼を執り行なう。そのとき、自らの願いをかなえてくれそうな神様を、ちかくの自然物―凝灰岩や石灰岩、砂岩の石塊がやわらかく手頃だ―から選び取り、自らの手でつくるのである。その自然物に何か聖なる印象を与えるのである。慈雨を祈らずにおれないから、止むにやまれず、素人でも加工しやすい石ころで神体を表現するのである。

「表現する」とは英語でexpressと綴る。「ex-外へ」と「-press押し出す」の複合語である。農民たちは、嬉しいことや哀しいこと、とにかく天空や久遠の方向に向かって何か拝まずにいられないような事態を目の当たりにすると、田圃やあぜ道で、その気持ちを外に押しだす。あるときはつらさを吐き出して困難を耐えぬく。あるときは喜びを共有していっそう幸福に浸る。そのような思いを実現するのに、拝む対象、媒体が必要となるのである。それが石仏なのである。石仏は文化財ではない。信徒は手で触ったりなでたり、あるいはときに蹴ったぐったりぶん投げたり、さまざまの行為を為していいのである。信徒が生き続ける限り、石仏たちもまたよりそって生きてくれるのである。

南方熊楠は、「山神オコゼ魚を好むということ」(『東京人類学雑誌』第二六巻第二九九号、一九一一年)のなかで、ヨーロッパにおけるペテロ像虐待儀礼＝雨乞い儀礼を紹介している。「十六世紀ごろまで、ナヴァル王国の諸市に、久しく干するごとに、奇妙な雨乞い式あり。河岸へペテロ尊者の像を担ぎ出し、民衆同音に、われわれを助けよと三回呼び、何の返事もなければ河水に浸せと罵るに及び、僧これを制止し、ペテロ必ず雨を与うべしと保証す。かくする後、二十四時間内に必ず雨降ると言えり(2)」。

乱暴な話であるが、それは今日でもときたま執り行なわれている。たとえば、一九九四(平成六)年六月一二日、新潟県上越市三和区の越柳で、神体をいじめる奇妙な儀礼がほんとうに挙行された。同年、日本全土で長期の水不足が続いたとき、同地区で強訴儀礼による雨乞いが行なわれた。まず、村民が祠《ほこら》の前で地蔵にやさしい口調で雨乞いの願掛けをする。そのあと石仏を池畔に運び出し、今度は「雨を降らせろ！」の罵声を浴びせながら地蔵を池に放り投げるのである。

このような強訴儀礼は想像の見立てでなく実現の見立てに属する。甚だしい旱魃に見まわれた農民たちは、己が神にギリギリの状況で請願をするのだ。したがって、旱魃が止む気配を示さなければ、信徒たちは地蔵を縛りあげてぶん殴る、ぶっ叩く。しまいには溺死させるのである。そのとき、これはたんなる石ころだとか作り物だとかは思わない。ダイレクトに怒りを爆発させる対象なのであり、位は神だが農民に懲罰・体罰を受けて耐え抜く神なのである。実現の見立てはこの強訴儀礼で頂点に達するのである。

農耕儀礼あるいは儀礼的世界への農民の思いを表出している観念をいまひとつ検討する。それは「石の生長」観である。

法華経によると、釈迦涅槃後二千年ほど過ぎると末法時代となる。だがしかし、衆生の前に「地湧の菩薩」が出現し救済の道が示される。弥勒菩薩の多くはそのような背景をもって信仰されてきた。そのような菩薩石像は、おおむね地下から生長するように造立されている。私がフィールドにしている新潟県妙高市関山地区の関山神社には、そのような造形と信仰をもった石仏が遺存している。同神社に長く奉仕した故笹川清信は、一九九一年夏、同神社周辺の石仏がみな膝までしかない理由として私にこう語った。この石仏に足ができると世のなかは平和になるというような願いを込めて、もともと膝までしか造らなかったようだ、と。(3) こうした観念は仏教では弥勒の出世ということになるのであろうけれども、民俗学的な見地からすると、石の生長ということになる。初めは膝から下が地中に埋まっていた石仏が、やがて人びとの願いに応じて、或いは世のなかの状況に応じて、脚をも地上にあらわすようになる。つまり石そのものが生長するのである。

　これに類似した説話が琉球にも遺存する。伊波普猷『をなり神の島』には次のように記されている。「私は子供の時分、二人の老人が山を前にして、まじめにあの石はこの頃かなり生長した、と話し合っているのを聞いたことがある。特に湿気を含んでいる軟らかい岩石、わけても地から生え出したようになって、しかも樹木を戴いているウフシに生命があると思っているのは無理もない。そうしたことから、自然昔の祖先たちが弄んでいた石名子の石の一つが生長して、村のウフシになったという民間伝承なども出来たに違いない(4)」。

　これと同じような儀礼的観念を、南方も生地熊野に例をとって次のように紹介している。「石、盛長すること、伴信友の『方術源論』、享保七年に著たる『佐倉風土記』に、印旛群《ママ》大田村なる熊野石、『百五十年前、村民、紀伊国の熊野社に詣づ。帰らんとして、青石、鞋に著く。大いさ桃の核《さね》ばかりにして、従って棄つれば従って著く。これを怪しみ、取って便袋に盛る。日々その長じ、かつ重くなるを覚ゆ。家に還るに逮《およ》んで、すなわち袋に容るるべからず。ついにこれを神とし祀りて熊野権現となし、奉承することははなはだ欽しめり(5)」。

儀礼の第一類型あるいはフェティシズムの儀礼、それは、なにか手段のようなものではない。人間が神と接触する手段、人間が神を信仰する手段ではない。儀礼はむしろ、媒体である。人間と神を一つに結ぶ行為である。たとえば、建築現場において、足場は手段である。完成すれば取り払われる。それに対して木造建築における木材、石造建築における石材は媒体である。完成後も完成物の一部をなす。神が神であるのは、これを崇拝する信徒が神をつくりあげているからである。信徒による雨乞い儀礼に引き出される神、信徒の前で生長してみせる神、いずれも儀礼という行為を通じた、民衆の心情、思いの表出なのである。その思いの噴出が儀礼であり、かたちになって現出するのが神である。そのような儀礼を、私はフェティシズムとして概念化している。

ここで、重要な小括をする。一八世紀フランスの比較民族学者シャルル・ド・ブロスと一九世紀ドイツの哲学者フォイエルバッハに発する私のフェティシズム論によれば、儀礼を通じて自然物（Ding）から人間や神々（Wesen）が生成する、その現象と状態をフェティシズムという。本来は自然的存在（モノ）でしかなかったものが社会的存在（人間や神々）になる、この事態を指して、フェティシズムというのである。ところが、余人は、本来は人間であったもの（社会的存在）がモノ（自然的存在）になる、これを指してフェティシズムといってきた。しかし、その括りは誤っている。人間以下のモノになる、人間になる前は自然的存在だった。それがいったん社会的存在になり（フェティシズム1）、いまいちど自然的存在に転化する（フェティシズム2）。この後者を私は、概念の混乱を避けるためフェティシズムといわず、場合によってイドラトリというようにしてきた(6)。

二　儀礼の第二類型あるいはイドラトリの儀礼

冒頭で記した自然と人間・社会に関する図式的説明をいま一度記す。裸の自然（物的実体）＝自然的力（力の第一形態）が、労働（原始労働）による自然の社会化および儀礼による労働の組織化とを通じて、社会化した自然（生産物・生産関係）＝社会的力（力の第二形態）となる。それはさらに、分業すなわち社会化した自然の再自然化あるいは社会・生産関係の自然化を通じて、物象化した社会（商品・所有関係）＝自然的力（力の第三形態）に再転化する。

ここに記されている儀礼は、第一類型である。それに対して、「社会化した自然の再自然化あるいは社会・生産関係の自然化」の箇所にも、実は儀礼が存在している。人間・社会関係の物象化を促すその儀礼は、市場と神殿において執り行われる。当初から他人のために生産されたものを価値法則にしたがって交換する場、当初から人間を支配するために建立される絶対神の玉座、そこで行なわれる儀礼は人間疎外のメカニズムを内蔵している。このような局面で執り行われる儀礼、一定の支配法則なり権力なりを前提とする儀礼を、ここでは「儀礼の第二類型」あるいは「イドラトリの儀礼」と命名しておく。

第一類型の儀礼（先史の感性）では人が神をつくるのだが、第二類型の儀礼（文明の精神）では、神が人をつくる。その典型は旧約聖書に記されている。紀元前一三ないし一二世紀の頃と推定される出来事、出エジプトにあたり、モーゼはヘブライの民に対して「毛深いもの、有毛のもの（seirim, pilosi, hirsuti）」を崇拝するな、と戒めた。ここに記された崇拝の対象は、多神教のエジプトに存在した動物神である。ファラオとその神官にすれば第二の儀礼に関連するが、幾星霜を素朴な生活様式で生き抜く下層民衆にとっては、自らが第一の儀礼によって産み出した神々の末裔であった。ド・ブロスは、そうした神々を「フェティシュ」と命名し、そうした儀礼的信仰を「フェティシズム」と呼称した。出エジプトにあたって、モーゼはエジプト民衆の信仰するフェティシズムとしての動物崇拝を棄てるよう、ヘブライの民に厳命したのである。

ところが、紀元前五世紀頃、アレクサンドリアのフィロたちの活躍によって旧約聖書がギリシア語に反訳されてみると、この「毛深いもの、有毛のもの」は直訳でなく意訳の対象となっていた。そこでは「霊（daemon）」という語があてがわれていたのである。最先端文化都市アレクサンドリアには、もはや動物とその生息地は身近なものでなくなっていたのであろうか。さらに、紀元後にむかって旧約聖書のラテン語訳が準備されると、「毛深いもの、有毛のもの」はこんどは「悪霊（daemonibus）」と意訳されるに至った。あきらかに自然物から「霊（daemon）」に重心が移行し、そのうえで、「悪」という価値が偏向的に上乗せされた。ローマ帝政期の風刺詩人ユヴェナリスは、この事態を由々しく思い、pilosi は文字通り lanata animaria（山羊など有毛の動物）とラテン語訳されるべきと訴えたのだった。

ユダヤ教がユダヤ教になる以前の、いわばプレ・ユダヤ教では、ヤーヴェは岩石だったとの説がある（グラント・アレン『神観念の進化』）。それを正しいと仮定するならば、岩石神ヤーヴェはおそらく儀礼の第一類型によって創出されたはずである。「在りて在るもの」という意味をもつヤーヴェは、自然界に在りて在るものたるフェティシュ神から出発したということになる。けれども、エジプトで文明の恩恵に浴する過程で、ヤーヴェ神はファラオを超える絶対神に成長する。すべてに超越して「光よあれ！」と発声する絶対的存在に昇華したのであった。この時点では、儀礼は第二類型となり、人が神をつくるのでなく、神が人をつくる行為となっているのだった。それまで諸衆の崇拝を受けていた自然神たちといえば、おしなべて絶対神の代理、眷属、さもなくば生贄と化したのである。

その際、神ヤーヴェの代理に格下げとなった自然神は、たいがい下層民衆に依然として崇拝され続けるものだから、神官たちは、これを偶像＝イドラトリとして活用していった。唯一神・超越神を背後においたそのような偶像とその神殿に一方的に額ずくために執り行なわれる儀礼が、第二類型なのである。これはキリスト教の時代に全盛を誇ることとなる。なぜなら、旧約聖書にはいまだ記されていない天国が、新約聖書では明確となり、キリスト教世界においてこそ、唯一神による天上から地上への宗教的絶対統治が確定し、儀礼はその統治の行為に含まれることとなったからである。そのような転倒の完成にあずかって力のあった哲学者にプラトンがいる。彼はあらゆる事物・事象の本質として「イデア」を考え、前者は後者の結果、派生と見なし、先史の精神を転倒させたが、この発想はアレクサンドリアのフィロの共有するところであったし、キリスト教初期の教父オリゲネスの追認するところであった。

三　第一類型的儀礼の起原

先史の日本列島で土偶＝女神をもちいて儀礼を執り行なっていた農耕民は、節目毎の農耕儀礼において女神像に祈りを捧げたが、その女神は、本来は、石とか木でつくった像であると同時に大地そのものでもあった。そこで女神信仰の先史人は、作付けの儀礼においてしばしばある特異な行動にでた。女神像を大地に叩きつけて壊してしまうのである。あるいは予め壊しておいて耕地に振り撒くのである。

先史の農耕儀礼では女神たちは殺されていた。しかしそれはけっして犠牲ではない。神に捧げるものを殺しているのではない。神それ自体を殺しているのだ。先史の生活者は、たとえば太陽は周期的に滅亡するか力を喪失すると考えた。神はけっして永遠なのではない。神もまた死ぬことがある。しかし、何らかの儀礼を執り行なうことで、神は蘇生する。先史ケルトに起原を有するエイプリルフールはその儀礼の変化したものである。そのような死と蘇生は大地についても言えた。大地母神も儀礼を通じて死に、儀礼を通じて蘇生するのだった。

先史の神はただ殺されたのではない。しばしば、信徒たちによって食された。その名残りは、新約聖書の最後の晩餐の記述に読まれる。いまある新約聖書を完成されたキリスト神話としよう。そう思ってこれを読むと、そのなかに未だ完成されない段階のイエス神話が散見されるのに気づく。ちょうど、旧約の世界でヤーヴェが一番賢く造ってやったはずの蛇に裏切られたように、新約の世界では神の子イエスが、いや神のペルソナであるイエスが、自ら選んだ最愛の一二使徒の一人、イスカリオテのユダに裏切られるのだ。創造主が被造物に裏切られる。これは実におかしい。新約を読むと、ユダの存在にかかわりなく、イエスは、あたかも自ら死を選んで、それを決意した上で最後のコミュニオーンに臨んでいると思われる。

マルコの福音書に次の一文がある。「わたしの肉を食べ、わたしの血を飲む者は、いつもわたしの内におり、わたしもまたいつもその人の内にいる」(マルコ六・五六。ヨハネ六・五六)。自らの肉体を食べ物として提供しようと、そこまで愛された弟子の一人ユダに、イエスはいともたやすく裏切られる。逮捕される直前イエスは、「先生こんばんは」と言うユダの接吻を受けている(マタイ二六・四八)。この行為も実におかしい。新発見の『ユダの福音書』によれば、ここにはユダの行為はイエスの依頼によるものと書かれている。(7) この会話を遺して翌日ゴルゴタの丘で十字架の死をとげたキリストは、肉体を遺さなかった。三日の後、復活したキリストは　姿なき霊であった。肉体はどうなったのだろうか。遺言どおり、弟子たちの幾人かが食したのではないか。

古代のオリエント諸民族のもとでは、自らの神(聖獣)や親ないし親の世代を食するというのは、さほど奇異な行為でなかった。聖なる行為でさえあった。紀元前五世紀ギリシアの歴史家へロドトスは、老いた親を食する慣習を記録している。神を食することによって、キリストが最後の晩餐で述べたような結果が得られると信じられたのだった。

話を日本列島にもどす。先史の日本では縄文の旧石器時代からすでにイモ類ないし根菜を中心とする農業が営まれていた。縄文社会は何らかの農耕とともにあったとなれば、その時代に作られた粘土製の土偶は、豊穣を祈願する神体、地母神のような性格の女神であっただろう。三内丸山遺跡からはヒエやゴマ、麻などいろいろな植物が出土している。原生するものの採集でなく、特定の植物を栽培していたと推測できる。そうした原始農耕に何らかの関係をもつ土偶が出土している。おおかたは板状であり、女性像が多い。大きさや模様、表情は様々であるものの、おおよそ女神である。

縄文土偶の破壊は神の死を実現する行為であった。模擬や演技ではない。先史の人びとは超自然を知らず、神を超然とした存在とは観念しなかった。それどころか、彼らのもとでは、神は儀礼によってつくられた。農耕（cultus）は儀礼（cultus）を必要とし、儀礼は神を必要としたのだった。人は神がいるから祈りたくなるのでなく、祈りたいから、祈らずにおれないから神を創造するのだ。その際、祈りの内容は第一にcultus（農耕儀礼）に関連していたのである。そして祈りの行為はギリシア語のドローメノンであり、祈りの言葉はレゴメノンである。とくに前者は神への何らかの直接行動を為すことだった。それは、先史日本の儀礼においては土偶破壊だったのである。いったん神を殺して蘇生させる。それが自然と人間の死―蘇生と軌を一つにするものだった。

土偶の破壊で神は間違いなく死ぬのである。土偶は神の代理ではない。季節の巡りや自然界の循環を出発点として神の死と再生があった。それは自然の営みと人びとの生活を調和させる観念なのである。儀礼（cultus）の対象は、まずもって第一類型においては具象（自然物・成る神）だった。やがて儀礼の第二類型が制度化すると、対象は人格化（母神・産む神）を介して霊魂化（見立てを介する姿なき神・天地創造神）していったのである。

儀礼の第一類型においては、大地が神であれば、土偶も正真正銘の神なのである。先史の人びとは想像の見立てを知らない。彼らは実現の見立てだけを心得ている。前者の見立てでは、信徒は土偶をいわば依代とか護符・お守りに解する。それは儀礼の第二類型を介して登場するイドラトリという信仰形態である。私は、それは文明の視座であると主張する。先史の神観念では、神は霊だけでは存在しない。身体と不可分離である。外魂を認めるアニミズムにしても身体を介在させないものは存在しない。先史人は何の変哲もない石や樹木でも、儀礼によってたやすく自己の神に見立てる。そうなったらもうその石や樹木は神であって、神として実現している。これは本当はただの石なんだ樹木なんだ、とは思わない。いずれ、その自然神に人格的刻印が印象づけられるようになっても、実現の見立ては維持されるのだった。

『古事記』には、以下のような女神殺しの話がある。高天原を追放されたスサノヲは、オホゲツヒメの下に来て食物を乞うこととした。その求めに応えてヒメは、鼻、口、そして尻から美味しい食材をいろいろ取り出して料理して差し出した。しかしその所業を見たスサノヲは、汚いものを食べさせようとしているな、と思い、この女神を斬り殺してしまった。ところがヒメの死体から穀類ほか様々なものが生えてきた。頭から蚕、両目から稲、両耳から粟、鼻から小豆、陰部からは麦、そして尻からは大豆が、それぞれ生えてきた。そこでカミムスヒの母神がそれらを五穀の種として農業を創始した。

むすび

先史社会は以下の三つの要素から成り立っている。原始労働（物質的生産）・自然信仰（儀礼的行為）・氏族制度（人間組織）。先史の生活者たちは儀礼を生産に先行させる。自然神は儀礼によって出来《しゅったい》する。社会制度は儀礼によって生まれる。先史人たちは、あらゆる事柄・行為を儀礼でもって開始するのである。その際、儀礼はすべてを産みなす大地および女性・母性の聖化をもって意義を有することになるのだった。母性的ないし母権的な儀礼（cultus）は、先史社会では人びとの労働＝農耕（cultus）を組織する制度だった。母権は儀礼であり制度であり、そしてモラルであった。

そしてまた、儀礼とは、人間（自然的存在＝動物）が人間的存在になるための必須条件なのである。自然的存在（モノ）を神的存在にすることにより、人間（モノないし動物）は人間（神的存在をつくりだす存在〉となった。これをさしてフェティシズムという。これまで宗教学や哲学、経済学や心理学などで通説だった解釈、物神崇拝は人間が人間以下のモノにひれ伏す幼稚な観念、という解釈は間違っている。事態はむしろ逆である。物神崇拝は、人間が人間になるために必須の条件なのである。通説で説かれる物神崇拝は儀礼の第二類型に関連する。その前に儀礼の第一類型に関連する物神崇拝が存在している。この二つは、歴史的にみるならば時間的に前後しているが、存在論的には第一が第二の必要条件になっている。野生人＝非文明人は第一の儀礼にのみ関連するとも考えられるが、現代人＝文明人は第二のなかに第一が隠れるようにして二種の儀礼を日々通過している。

以上、いろいろ話題を提供してみたが、その行き着いた地点に、文明期に成立するキリスト教やアマテラス信仰をも律する原理を再確認する結論が導かれる。その原理とは、フェティシズムである。マリア崇拝やイエス信仰、イザナキ神話やアマテル神話、そのすべてに原初形態〈ドローメノン型〉と洗練形態〈ドラーマ型〉がある。洗練形態＝ネガティヴ・フェティシズムは総じて〈ロゴスとしての神話・メタフィジカルな神話〉に刻印されている。それに対してこれらすべての神々の原初形態＝ポジティヴ・フェティシズムは総じて〈ミュトスとしての神話、フィジカルな神話〉に刻印されている。[10] それは、たとえば『金枝篇』の著者ジェームズ・フレイザーが一九世紀までの具体例を我々に書き残してくれたように、世界各地の農耕儀礼や冠婚葬祭儀礼に生きたまま維持されている。カニバリズム〈神的存在の殺害と共食儀礼〉はその代表例である。ここでは、神々は物質的(materialistisch)に崇拝されるのである。物質（materia）なくして崇拝の核は生じない。ここに儀礼の第一類型的基盤が存在するのである。

注

(1) シュッフェンハウハー編ドイツ語版、第六巻、二〇一頁、船山信一訳『フォイエルバッハ全集』福村出版、第一二巻、一五六頁。
(2) 中沢新一編『南方熊楠民俗学』河出文庫、一九九一年、一六七頁。
(3) 石塚正英『フェティシズムの信仰圏』世界書院、一九九三年、五五頁以降、参照。
(4) 伊波普猷『をなり神の島』第一巻、平凡社、一九七三年、一六四頁
(5) 柳田國男宛書簡、一九一一年一一月一六日付、中沢新一編『南方熊楠民俗学』河出文庫、一九九一年、五二五頁。
(6) 石塚正英『フェティシズムの思想圏』世界書院、一九九一年、一八一頁以降、参照。
(7) 朝日新聞、二〇〇六年四月七日付夕刊記事「ユダの福音書、写本だった」参照
(8) 石田英一郎『桃太郎の母』法政大学出版局、一九五六年、一八九頁。
(9) 宮島潤子『謎の石仏――作仏聖の足跡』角川書店、一九九三年、一八〇頁。
(10) 石塚正英『儀礼と神観念の起原』論創社、二〇〇五年、一七一頁以降、参照。

第6章　バッハオーフェン学説の二一世紀的アクチュアリティ

一　リアルな氏族とバーチャルな家族――はじめに――

バーゼルの神話学者バッハオーフェンの主著『母権論』（一八六一年）は、よく家族史研究の基本文献にあげられるが、実際のところこの著作は家族史に関してでなく、家族が成立する以前の氏族社会に関する基本文献なのである。その証拠に、バッハオーフェンは家族――その確立――をなによりもまず古代ギリシア・ローマの父権的家族制度として描き、この制度から先ギリシア＝ペラスゴイ社会の母権的社会をはっきりと区別している。なるほど『母権論』のバッハオーフェンは「氏族（Gens）」という術語は用いていないが、未だ家族が成立する前の社会状態については、次のように記述して注目している。

「婚姻と妻の共有（Weibergemeinschaft）から成り立つ中間状態においては特有財産（Sondereigentum）や自足的な家族（eine abgeschlossene Familie）が見られるが、それら二つは、性交関係はあるが婚姻関係がまだ存在しないという最も低位の段階には欠落している」（J.J. Bachofen, Das Mutterrecht, Basel, 1948, S.122. 岡道男・河上倫逸監訳『母権論』第一巻、みすず書房、一九九一年、一〇三ページ、邦訳からの引用にあたっては必要に応じて改訳し、あるいは原語を挿入している）。

「婚姻関係の一夫一妻制的排他性は、人間本性の氣品とその崇高な使命に深くかかわり欠くべからざるものであるために、大多数の人びとはそれを原初からの状態と考え、より原始的で、まったく無秩序な両性関係が存在したという主張は、人間存在の起点に関する無益な思弁の産み出した悲しむべき迷妄として、夢想の世界へと追いやられてしまうのである」。（S.36. 三〇頁）

「女性（Frau）の品位を貶めるヘテリスムス（Hetärismus）に対する彼女らの意識的にして持続的な抵抗において、いたるところでギュナイコクラティー（Gynaikokratie）が生成し基盤をえ、維持されてきた。それは見誤りようがない」。（S37. 河上三〇頁）

「女性（Weib）は、ある一人の男の腕に抱かれて萎れていくために、自然からあらゆる魅力を授かっているわけではない。物質（Stoff）の原理はあらゆる制約をもはねつけ、あらゆる束縛をも憎み、性のどんな排他性をも神に対する冒涜と見なす。婚姻それ自体がヘテーリッシュな慣習と抱き合わせで（mit hetärischen Übungen verbunden）現象しているような、そうしたあらゆる風習は、そこから明らかとなるのである」。（S.38. 三一頁）

『母権論』までの前期バッハオーフェンは、人類史を婚姻制度に関連づけて三段階に区分する。第一はいかなる婚姻制度も発生していない段階で、「母権」と「ヘテリスムス（Hetärismus）」が共存する。第二は、右に引用した中間状態のことで、「母権」と「ギュナイコクラティー（Gynaikokratie）」が共存する。そして第三は一夫一妻を完成体とする婚姻制度が確立する段階で、「父権」と奴隷化した妻が共存する。

この二つの規定「父権」と「母権」とを現代風に表現すると、父性・父権はバーチャルにして母性・母権はリアル、となる。さらには、父権のもとに従属する家族はバーチャルで、母権のもとに秩序立てられる社会＝氏族はリアル、ということになる。ギュナイコクラティー段階の男女は、未だプロミスキティーの余韻を残している。農耕儀礼のような生活の節目を刻む祭りにおいて、それは瞬時に復活した。ローマ時代ではディオニューソス祭、あるいはバッコス祭がそれにあたる。いわゆるオルギーである。ギリシア・ローマ時代に成立し拡大した家父長的家族制度は、政治＝都市国家という一種の擬制に支えられていた。家族のローマ原語（familia）には、家族という意味のほか、家父長の資産、奴隷という意味もある。こちらの意味こそ家族の本質を突いたバーチャルな概念であって、プロミスキティーの印象を知るローマの女たちがディオニューソス祭で蹴飛ばした関係であった。家族は、そのようなバーチャルな関係なのである。それに対して先ギリシアの氏族社会は、マテリアルにしてリアルな関係をもっていた。

もっとも、前期バッハオーフェンは氏族に言及しているわけではない。その語については、『母権論』刊行後の文通相手であるアメリカ在住のモーガンに学んで初めて知るのである。モーガンとの知的交流の過程でバッハオーフェンは、研究の分野および方法として神話学に民族学と社会学を合わせて、新たな執筆活動を開始する。それはやがて、『古代書簡』という書名の著作となって結実することになる。

二　オレステースとグドルーン

先史社会は母系のみならず母権で特徴づけられ、その遺風は歴史時代になっても制度的に継承されてきた点は、非ヨーロッパ諸地域の文化人類学的フィールド調査で確認されている。たとえばエジプトの場合、歴代のファラオは肉親の女性と結婚した。また王朝交替に際しては、正統性を維持するため新王朝のファラオは前王朝の王女と結婚する義務があった。ファラオの血統は母系ないし女系をとおして維持されるのであった。

先史社会は母権的だったとの指摘は、ギリシア神話にも発見できる。バッハオーフェンはそこに目をつけて『母権論』を執筆したのである。なかでもとくにアイスキュロスの三部作『オレステイア』(Oresteia 前四五八年)の一つ「エウメニデス」(Eumenides)に出てくる次の場面に注目した。父アガメムノーン殺害の復讐を行なうため母クリュタイムネーストラーを殺害したオレステースの裁判である。

「オレステースは父の仇を討つために母を殺した。実際のところ、父と母のどちらが優位と見なされるだろうか。どちらの方が子どもの近くにいるのだろうか。女神アテーナーが裁判を召集する。アテナイ市のなかでもっとも尊敬されている市民たちが判決を下すことになる。一方で、エリーニュスたちは母殺しを告発する。他方で、オレステースに母殺しを要求し血の汚れをも清めてやったアポローンは、彼を弁護する。エリーニュスたちはクリュタイムネーストラーを、アポローンはアガメムノーンを支援する。前者は母権を、後者は父権を代表する。エリーニュスたちの立脚点は、【一人のエリーニュスと】オレステースとの次のような対話に示される。

エリーニュス　預言者【アポローン】がおまえに母殺しを命じたのですか？
オレステース　そして私は今なお自分の運命を罵ることはない。
エリーニュス　でも判決が下れば、じきにその前言を翻すことだろうさ。
オレステース　その通りと思う。けれども父は草葉の陰から支援してくれるだろう。
エリーニュス　母を殺したおまえが、死人を頼りとするのですか！
オレステース　母は罪ある頭上に二重の悪事をのせているのだ。
エリーニュス　それはどういう意味なの？　裁判にかかわる者たちにはっきりさせなさい。

オレステース　母は夫を殺し、同時に私に対して父を殺した。
エリーニュス　彼女は殺人の罪を償ったが、おまえは生きているではないですか。
オレステース　それなら、おまえはなぜ母が生きているあいだに訴追しなかったのか？
エリーニュス　彼女は、殺した夫とは血縁になかったのです。
オレステース　しかし私は母の血を受け継いでいると、おまえは言うのか？
エリーニュス　殺人者よ、彼女はおまえを抱いて育ててくれたのではないのですか、おまえは母の尊い血に誓いを立てるのではないのですか？」(S178, p.164-165)

ギリシア神話では、エリーニュスは邪悪な女神として描かれることがある。頭髪はメドゥーサのように蛇であしらわれ、オレステースのような罪人を執拗に追い詰める恐ろしい女神というイメージがつきまとう。しかしこの女神は、メドゥーサ同様ギリシア人が南下してくる以前から先住民の神＝大地母神であった。そのためか、同じく先住民の大地母神であるデーメーテールとセットにされて「デーメーテール・エリーニュス」の呼び名をもつ。ようするに、エリーニュスは先史ギリシア＝ペラスギア地方の母権的信仰の名残りなのである。こうした女神たちは、やがてアポローンに代表される男神たちに駆逐されるかその添え物に落とされていった。オレステース裁判は、ギリシア地方が母権的氏族社会（ゲンス）から父権的政治社会（ポリス）に転換していく歴史の境界を物語る神話なのである。

ギリシア悲劇文学者として著名なアイスキュロス（525-456.BC）は、アテネの近く、サラミス島対岸にある神殿都市エレウシースの名門神官職の家に生まれた。ここの神殿は先史ギリシアの女神デーメーテール信仰の中心であった。その出自から推察すると、アイスキュロスはオレステースよりもエリーニュスたちの味方をしていたようにも思える。オレステースの裁判が開かれたのはアテーナイのアクロポリス西方の丘アレイオス・パゴスにおいてであった。この法廷は殺人や放火など凶悪犯罪を裁くので知られたから、口碑段階の神話――つまりアジア系先住民ギリシア系支配民族が入り交じって生活していた頃の物語――ではオレステースはほぼ間違いなく殺人罪で断罪される予定になっていたのではないか。ちなみに、民俗学者・神話学者の布村一夫によると、オレステース裁判と同類のことをアテネでなくスパルタで票決したところ、逆の判決が出ている（一九九〇年一一月一〇日、布村・石塚談話から）。

先史の母権制氏族社会では、相続は父から息子へ、でなく、母たちから娘たちへ、であった。また、氏族の氏神＝女神やトーテム動物も、母たちから娘たちへと継承された。自分たちの氏族内に父たちは存在しなかった。父たちはよその氏族にいた。ある一つの氏族を代表する存在は、したがって男でなく女であり、家父でなく族母であった。だから、子どもが母を殺すなどということは考えられなかった。母殺しは神殺しにも匹敵する。しかし、父については別である。なぜなら、父はよその氏族に所属しているからであり、男は神を宿していないからである。母殺しも父殺しも、ともに重罪ではあったろうが、その重さにはあきらかに格差があった。

氏族社会においては、ある氏族の子どもたちが自分の母と自分の父とが相互に争っているのを見た場合、それを最終的には、子どもたちおよびその母が所属する氏族と子どもたちの父が所属する氏族との間の争いと見なすことになる。どちらに味方するかは自ずから決まっている。父およびその氏族をでなく、母およびその氏族を支持することになる。これは厳格な戒めである。しかし古代世界において、その戒めがついに破られる時がきた。ギリシアにおいてその画期を象徴している神話がオレステースの裁判である。

さて今度は、氏族社会の子どもたちでなく、女たちに目を移してみる。氏族内においてある女が自分の夫と自分の兄弟とが相互に争っているのを見た場合、それを最終的には、彼女および彼女の兄弟が所属する氏族と夫が所属する氏族との間の争いと見なすことになる。どちらに味方するかは自ずから決まっている。夫をでなく、兄弟を支持することになる。これは厳格な戒めである。しかし古代世界において、その戒めがついに破られる時がきた。その実例を私たちはギリシア神話にでなく、ゲルマン神話ないし北欧神話に垣間見ることができる。それは『エッダ』および『ニーベルンゲンの歌』に記されている。

一二世紀から一三世紀にかけて北欧のアイスランドで活躍した詩人・歴史叙述者スノッリ・ストゥルルソン（1178-1241）は、一二〇〇年頃北欧神話と英雄譚を編集して散文『エッダ』に集大成した。そのなかに「アトリの歌」という詩がある。これは、西ローマ帝国の将軍フラヴィウス・アエティウス（396-454）が四三六年フン人の王アッティラの援護を得てゲルマンの一派ブルグンド（ギューキ）を破り王一族を殺戮した史実に起因する物語である。ただし、物語ではブルグンドの王族を滅ぼしたのはアエティウスでなくアッティラ（アトリ）という設定になっている。ただ一人遺されたギューキ【ブルグンド】王族の娘グドルーン【クリームヒルト】は、前もってアトリ【エッツェルすなわちフン王アッティラ】の妻となっていたが、彼女の夫つまりアトリに招かれアトリの城で殺害されたグンナル【グンテル】、ヘグニ【ハーゲン】ら兄たちの仇を討つため、まずアトリの息子たちつまり自ら生んだ子どもたちを殺してその肉＝心臓をアトリに食べさせた。それから、酒に酔って前後不覚となったアトリを討ちはたし、最後にアトリの城を焼きはらった。（Vgl, Heldenlieder der Aelteren Edda, Reclam, 1998, S7-15. 松谷健二訳『エッダ／グレティルのサガ』、ちくま文庫、一九九八年、一一八〜一二四頁参照）

『エッダ』の原話は紀元八世紀頃からノルウェーとアイスランドで成立したが、初期にはまだキリスト教の影響を受けていない。一般的に言って北欧ゲルマン神話では、神々は戦争ばかりしていて、あまつさえ死を逃れることはない。況んやイエス・マリア・ヨセフの聖家族に象徴される夫婦愛や家族愛など、知りもしない。ローマのカエサルがガリアからブリタニアまでを遠征した時、カエサルはあまりにも不可解な生活を営んでいるブリテン島の住民を目撃している。何が不可解かというと、たとえば婚姻形態がじつに奇妙である。「ブリタニー人は一〇人もしくは一二人ずつ、特に兄弟や父子たちの間で互いに共通の妻をもっている。ある妻が子どもを産むと、その母親が処女（virgo）として連れていかれた男の子と見なされる」。（G. J. Caesar, De bello

Gallico, Reclam, 1980, S.244-245. 近山金次訳『ガリア戦記』、岩波文庫、一九六九年、一五六頁）

ギョーキ王の娘グドルーンは、数奇な運命の道すがら、一族ともども自民族を滅ぼされた異民族の王アトリの妻となり、グンナル、ヘグニ兄弟をはじめ自分の肉親の仇を討つため夫を殺す。兄弟の仇を夫に対してはらすのである。この物語は古ゲルマンの英雄譚の特徴をよく残している。

しかし、これと同じ英雄譚がやがてキリスト教の影響を受けるに至ると、思わぬ変化をみることになる。その変化はすなわち、中世ヨーロッパのキリスト教的騎士時代にできあがった『ニーベルンゲンの歌』にはっきりと刻印されている。「アトリの歌」との相違をみると、それはギョーキがブルグンドに、アトリがエッツェルに、そしてグドルーンがクリームヒルトに、ニヴルングがニーベルンゲンに、という読み替えだけでは、到底すまない。「アトリ」では妻が肉親の仇を討つために夫を殺す。これに対して『ニーベルンゲンの歌』では妻が夫ジークフリートの仇を討つために兄グンテルと家臣ハーゲンを殺し、出身民族のブルグンドを滅ぼす。いやそればかりか、ついには自らの生命をも滅ぼすのである。

『ニーベルンゲンの歌』に記された尊属殺人は明らかにキリスト教時代の産物である。そこには、一夫一妻制の家族形態とそこから醸し出される夫婦愛が漂っている。それに対して「アトリ」に記された尊属殺人と食人習は明らかに先史時代に根を張る遺物である。そこには、多夫多妻制の氏族形態とそこから印象づけられる血縁の同族愛が漂っている。

三　母権から母方オジ権へ

『ニーベルンゲンの歌』に記された、妻クリームヒルトによる夫ジークフリートの復讐譚に関しては、後期バッハオーフェンが注目している。彼は、一八六一年『母権論』刊行から約二〇年して、一八八〇年と一八八六年に『古代書簡』全二巻（第一から第三〇書簡までが第一巻、第三一から第六一書簡までが第二巻）を刊行する。二巻からなるこの大著は、母権でなく、母の兄弟の権利、「母方オジ権（avunculat）」を問題にしている。父が外部の氏族にいる母中心の氏族社会では、息子たちは大人になるまで母たちの兄弟に教育を受けることになる。そこで氏族社会では、ことの成り行き上、母の息子たちと母方オジたちとの親密な関係が成立し持続することになるのであった。そのような親族関係について突っ込んだ研究をなした後期バッハオーフェンは、ギリシア神話だけでは飽き足らず、北欧神話にも関心を示し、こうして『ニーベルンゲンの歌』にまで分け入ることとなったのである。

バッハオーフェンは、『古代書簡』の第二一書簡として「ニーベルンゲンのクリームヒルト説話における兄弟と姉妹」をあてがった。以下にその冒頭部分を記そう。

「親愛なる友よ、本日は、未詳の諸民族の伝承に関してゲルマン固有の先史時代を忘れないように、とのあなたのご忠告に応じようと思います。父権（Paternität）の認知に続いて、母方オジ権（Avunculat）に対して、タキトゥスが今日に書き残しているような高い意義〔『ゲルマーニア』第二〇、「姉妹の男児（甥）には、伯（叔）父〔母方の〕の許においても、その父の許におけると同様の尊敬が払われる」（岩波文庫、七七頁）。Germ.20: sororum filiis idem apud avunculum qui apud patrem honor.〕を与えた民族にとっては、子宮〔胎児〕の優先権（der Primat der Uternität）〔長子（相続）権〕は不可欠でありましたし、したがって夫婦の無制限結合の要求に対する血の権利のたたかいは不可欠でありました。同じことはまた、はるかな早期の時代において母方の伯（叔）父（Mutterbruder）と紛れもなく同じ血を分けているといった外見に身を包んだ民族、そして最終的に『サリカ法典』〔フランク民族の一派サリ人が五、六世紀に完成したラテン語の法典〕に遺制を保存した民族、親族概念が母方オジ権の特徴と同一の根本理念にあって、文化的にみて〔サリカ法典より〕さらに古い時期の生活原理に基づく民族に言えます。

この推論の正しさを疑う余地なくする事例は、一例以上あることはありません。しかし、ドイツの英雄伝説における大粒の真珠であるニーベルンゲンの歌が、その最高の悲劇性においてかのたたかいを我々の前に引き出し、主要な、あらゆる部分に支配的な根本思想に選び出してしても、なぜ副次的な重要性をもつにすぎない出来事ばかりにかかづらうのでしょうか。クリームヒルトの心中では、妻の愛が、子宮の兄弟姉妹愛という不可侵の権利要求に対して闘いを挑んでいる。そのすごさは、夫イアソンのために妻メデイア〔ギリシア神話で、黒海東岸のコルキス国の王女だったが、夫のイアソンに捨てられたことを恨み、夫との間にできた二人の我が子を殺害した悲劇的女性」に科せられた運命にまでは至らない。臣下のハーゲンの行為を阻止しないことによって彼女の最愛の夫ジークフリトの殺害に加担したのは兄弟たちであり、また、後に財宝、すなわちジークフリートの無尽蔵のゆたかな（結婚の翌朝の）贈り物を彼らからだましとったのも兄弟たちである。この、もっとも近しいマクシャフト（父系母系を総称する血族観）の聖性に反する二重の犯罪は妹の心中に一つの苦痛を呼び起こした。それはニーベルンゲンの歌全体に響きわたる、破滅した夫への嘆きと一致している。クリームヒルトの憂慮は、ジークフリートとの長年の調和における彼女の心の平穏に対して衝撃的な矛盾を形成した。またそれは、甚だしく高まって、ついには裁判を引き起こし、有罪の者も無罪の者も一人残らず自ら奈落の底へ落ちるのだった。兄弟たちの手から受け取った支配権をめぐって争う二つの感情、すなわち一方での一人の母から生まれた子どもたちである兄弟への献身的な愛、他方での英雄たちの燦然たる栄光への激情という二つの感情の非和解性においてのほか、いったいどこにその根拠をもつでしょうか。また、そのために彼女が自身の破滅によって流血のドラマを閉じなければならないような、彼女に固有の罪とはいったい何でしょうか。彼女の非常に激しい気性において、最愛の夫の謀殺に対する復讐欲が、別け隔てない母の慈愛に育まれた生まれつきの、物静かな愛に対して獲得したのは、勝利ではなかったのでしょうか。彼女はそのほかに何か罪を負っているわけではありません。

彼女に「tiufelinne」（原註：おそらくvalandinne「魔女」、訳註：tiufelはteufel「悪魔」と思われる）の汚名をきせるのは、彼女の両足を洗う流血ではありません。胃だけは犠牲にせず、またもっとも尊い親族関係に対してだけは罪を犯さないこと。それだけは償いえず、それだけは正義の裁判執行官たるヒルデブラント［クリームヒルトを殺害］を登場せしめる。その後恐ろしいものが、彼女［クリームヒルト］の兄グンテルの殺害を通じて唯一最大の願望成就を、つまりジークフリート殺害者ハーゲンの生命を手に入れる。彼［ヒルデブラント］はその後ようやくこれ［クリームヒルト殺害］を執行する。なぜなら、ハーゲンは彼女および彼女の家柄と親族関係にあるのに、この詩歌［ニーベルンゲンの歌］はそのことをきわめて軽くみているため、それに著しく一致した叙述がなされているからです。この観点、私はこの叙事詩をそこから考察します。その正当性を証明するため［以下において］教訓的な箇所を抜粋することをお許しください。」(J.J.Bachofen, Antiquarische Briefe, in: J.J. Bachofens Gesammelte Werke, Achter Band, Basel/Stuttgart, 1966, S.169f.)

むすび

『母権論』以後バッハオーフェンは以下の著作を刊行していく。『古代世界の墳墓記念物におけるオルペウス教の不死説』（一八六七年）、『タナクィル伝説、ローマとイタリアにおけるオリエンタリスムスについての研究』（一八七〇年）。この時点までの彼は、未だ神話学者であると言ってもよい。しかし、それ以降、正確には一八六九年一一月にムンツィンガーの『東アフリカ研究』（一八六四年）を読んでのち、彼は民族学の領域に踏み込むことになる。そして、一八八〇年のバッハオーフェンには、もはや母権だけでは人類社会の起点を確定し説明できないことが十分にわかっていた。そこで彼は、一八七三年にモーガン『人類の血族と姻族の名称諸体系』を入手し、精力的にモーガン読書をすすめるほか、これと前後してイギリスの社会学者マクレナンの『原始婚姻―掠奪婚形式の起原の研究』（一八六五年）読書、ジョン・ラボック『文明の起原』（一七八七〇年）、E・B・タイラー『人類古代史と文明発展の研究』（第一巻、一八六五年、第二巻、一八七〇年）等を読書していく。そうしてついに、一八八〇年、後期の集大成『古代書簡』特に最古の親族概念の理解のために』第一巻を刊行し、これをアメリカの比較民族学者ルイス・ヘンリ・モーガンに贈ったのであった。それから五年後、没する二年前の一八八五年、『古代書簡』第二巻を刊行するのである。

神話学者のみでなく民族学者・社会学者ともなったバッハオーフェンは、とりわけモーガンの学問的支援を得ながら、ついに、母たちとその息子たちのオジたち、つまり自らの兄弟たちとの間の、十分信頼にたる相互依存関係を発見したのであった。それまでの彼は、先史人類史を①アプロディティー的プロミスキテート（無規律性交）、②デーメーテール的母権（集団婚）、③アポロン的父権（ヘテリスムスを伴う一夫一妻制婚）と区分してきたが、ここに至って今一度この図式に大胆な修正を施すことになる。つまり②と③の中間に「母方オジ権（集団婚）」が挿入されるに至ったのである。

第4巻「母権・神話・儀礼―ドローメノン（神態的所作）」の解説と敷衍

一　第４巻の要点あるいは補足

第１章　Cultus ――儀礼と農耕の社会思想史――

古代日本の班田農民と近代日本の小作農民、先史日本の農耕儀礼と桃太郎とお地蔵さん、先史・古代地中海の農耕社会と近世・近代フランスの農村共同社会、ドイツの農民戦争と農民強盗団、そして中国の農民叛乱史。農耕に関連する以上の全体を貫いているテーマは cultus（クルトゥス）。これは農耕儀礼のすべてを包括した意味を有し、そこから儀礼（cult）農業（cultivation）や文化（culture）が派生した。また cult は開放的な儀礼だったが、のちのキリスト教に抑圧されて地下に潜み、そこで反転が生じてオカルト（occult）が生じた。そのほか類似語に、たとえばカーニヴァルがある。これは先史に存在した信徒（共同体）による神獣食儀礼の風習に由来し、キリスト教では「謝肉祭」にあたる。次にフェスティバル。これには「吉日、ハレの日」の意味があり、あらゆる規制を一時的に解除して行なうオルギーと同様の儀礼、地位転倒の儀礼の意味がある。これらの儀礼においては、往々、神殺しが挙行される。神の死、それは農耕の開始を意味する。季節の巡りや自然界の循環をの出発点としての神の死と再生、自然の営みと人々の生活を調和させる観念、などなどがCULTUSを特徴づける。〈初出〉CULTUS——儀礼と農耕の社会思想史、『社会思想史の窓』第一二〇号、一九九八年。

第2章　デーメーテールとディオニューソス——地中海海域に母神信仰の足跡をもとめて——

地中海域に母神信仰の足跡をもとめて行なった二度(二〇〇〇年、二〇〇一年)の旅で、私は多くの成果を得た。デーメーテールとディオニューソスの儀礼についてである。デーメーテールとはギリシア神話に登場する豊饒の女神・母神であり、ディオニューソスとは古代ギリシア・ローマ社会において女性たちに熱愛された男神である。本章では、この二神を代表例にして地中海一帯の母神信仰を社会思想史的・宗教民俗学的に検討している。その行き着く地点に、紀元後に成立するキリスト教をも律する原理を再確認する結論が導かれた。その原理とは、フェティシズムである。デーメーテール崇拝とディオニューソス信仰、マリア崇拝とイエス信仰、そのすべてに原初形態(ドローメノン型)と洗練形態(ドラーマ型)がある。デーメーテール崇拝とディオニューソス信仰の洗練形態はギリシア・ローマ神話とその後の神話学に刻印されている。マリア崇拝とイエス信仰の洗練形態は新約聖書とその後のキリスト教神学に刻印されている。それに対してこれらすべての神々の原初形態は、世界各地の農耕儀礼や冠婚葬祭儀礼において、生きたまま維持されている。それは、たとえば『金枝篇』の著者フレイザーが一九世紀の具体例を我々に書き残してくれた。〈初出〉デーメールとディオニューソス――地中海海域に母神信仰の足跡をもとめて（一）（二）、『立正西洋史』第一八号、第一九号、二〇〇二年、二〇〇三年。

第3章　神話のなかの族外婚――ヤチホコ・ヌナカハヒメを事例に――

シュトラウスやフォイエルバッハにならって神話を民衆の精神、共同体の精神、教団の精神と考える私は、また別の観点ではモーガン民族学に依拠する布村一夫や松村武雄に従っている。とりわけ記紀神話については布村神話学を座右にして研究を進めてきた。よって、先史の社会組織を氏族制度やそれに見合う婚姻形態、および先史の信仰すなわちトーテミズムで説明することにしている。族外婚的トーテミズムには、現実の、史実上の氏族を重ねている。布村学説を前提にすると、ヤチホコからヌナカハヒメへの妻問婚神話が成立する前提として、出雲民族と高志民族の間での族外婚的交流の存在が垣間見られる。なるほど高志のトーテムは「そに鳥」なのかどうかはっきりしないが、出雲民族と高志民族とは別個のトーテムを崇拝する異民族同士であるから交流が可能であったと考えられる。〈初出〉神話の中の族外婚―ヤチホコ・ヌナカハヒメを事例に、『頸城文化』第五三号、二〇〇五年。

第4章　歴史における神話のアクチュアリティ――ミュトスとロゴス――

神話は過去に意味を添えるばかりでなく、むしろ未来を積極的に語る。「日はまた昇る」など円環をなすにせよ未来まで構想するのが神話であるとするならば、それは神話と言わずユートピアと称する方が適切である。それほどに、ユートピアもまた神話と深く結びついている。円環をなすにせよ、未来を語らない神話、未来を意識しない神話などありえるはずもない。したがって、あらゆる神話は同時にユートピアであるとも言える。本章では、ファシズムに関連させて幾つかの神話物語およびその形成について議論しているが、そうした神話自体はけっして悪でもなければ異常でもない。また、神話どころか、それと深く関連しているファシズムやコミュニズムそれ自体からしても、一方的に悪とか異常とかのレッテルをはることはできない。ファシズムは特異な現象という神話は、民主主義は正常で健全なものという神話と同等に扱うべきだということである。〈初出〉歴史における神話のアクチュアリティ、立正大学史学会編『宗教社会史研究Ⅲ』東洋書院、二〇〇五年。

第5章　儀礼の二類型とその意味——フェティシズムとイドラトリ——

儀礼とは、人間（自然的存在＝動物）が人間的存在になるための必須条件である。自然的存在（モノ）を神的存在にすることにより、人間（モノないし動物）は人間（神的存在をつくりだす存在）となった。これをさしてフェティシズムという。これまで宗教学や哲学、経済学や心理学などで通説だった解釈、物神崇拝は人間が人間以下のモノにひれ伏す幼稚な観念、という解釈は間違っている。事態はむしろ逆である。物神崇拝は、人間が人間になるために必須の条件なのである。通説で説かれる物神崇拝は儀礼の第二類型に関連する。その前に儀礼の第一類型に関連する物神崇拝が存在している。この二つは、歴史的にみるならば時間的に前後しているが、存在論的には第一が第二の必要条件になっている。〈初出〉儀礼の二類型とその意味、『理想』第六七八号、二〇〇七年。

第6章　バッハオーフェン学説の二一世紀的アクチュアリティ

本章は、〈母権〉から〈母方オジ権〉に転回するバッハオーフェンの議論を集中的に論じたものである。この論題につて、私は『バッハオーフェン―母権から母方オジ権へ』（論創社、二〇〇一年）で詳しく記した。ここでは、解題としてその著作の各章における議論に多少とも言及しておく。第二章は、バッハオーフェンが『古代書簡』のために執筆したものの本論には収められず、遺稿として残された三つの論説を翻訳したものである。これらは、集団婚時代の氏族社会を統率する二つの原理、すなわち母権と母方オジ権を理解するのに役立つ。また第三章は、『バッハオーフェン全集』（全二〇巻）第八巻『古代書簡』巻末に付けられたヨハネス・デールマンの解説「『バッハオーフェンの『古代書簡』と『母権論』第二回編集」の翻訳である。これは前期から後期にかけてバッハオーフェンが突き進んだ先史社会史の全貌を知るのに役立つ。そして第四章は、わが国におけるバッハオーフェン研究の第一人者である布村一夫によるバッハオーフェン解説である。これは、バッハオーフェン神話学がモーガン民俗学とドッキングしてついに母権を人類史的に把握するのに役立つ。〈初出〉バッハオーフェン学説の二一世紀的アクチュアリティ、石塚正英編『バッハオーフェン―母権から母方オジ権へ』論創社、二〇〇一年、所収。

二　頸城野における神仏虐待儀礼調査―敷衍①

一九八〇年代に開始した研究領域の一つに女性史・家族史がある。そのきっかけは、八一年一一月に明治大学で開かれた第一回女性史研究の集いに出席したことである。その会のテーマは「母権と共同体と女性史研究」だった。報告者に熊本市の布村一夫、神戸市の井上五郎らがいて、さらには、フロアーに熊本家族史研究会の女性史研究者がいたのだった。このとき、既に知り合いだった井上の紹介で布村や熊本の女性たちと会い、彼女たちから『女性史研究』への協力の依頼を受けた。これによって以後一三年程、私の母権ないしバッハオーフェン関連の翻訳と論文執筆が継続することになるのである。そのような研究環境から、私は「母権とフェティシズム」という論文を執筆するようになった。これは布村ほか編『母権論解読』（世界書院、一九九二年）に収録された。

ところで、その一九九二年前後、私の出版活動は一つのピークに達していた。『フェティシズムの思想圏―ド゠ブロス・フォイエルバッハ・マルクス』（一九九一年）、『社会思想の脱・構築―

ヴァイトリング研究』（一九九一）、『文化による抵抗─アミルカル・カブラルの思想』（一九九二年）、『フェティシズムの信仰圏─神仏虐待のフォークロア』（一九九三年）という具合であった。その活動と並行して、もう一つ、フェティシズムに関連する農耕儀礼の民俗調査が始まった。すなわち、一九九一年四月、私は、わが故郷、頸城野（新潟県上越地方）の仏教美術史家である平野団三の大著『越後と親鸞・恵信尼の足跡』（柿崎書店、一九七六年）を読んだ。そして同年年四月二二日の日記にこう記した。「平野団三著作読了（後半は乱読）。たいへんな記述にうれしくも、ぶつかる。法定寺の雨ごい地蔵の『奇習』だ。これぞパウサニアス、スエトニウスに通じる、縛る神だ！」

同年五月、新宿で布村一夫に会った折、頸城野の雨降り地蔵の虐待儀礼について話すと、それはフェティシズムに間違いないので合わせて南方熊楠と柳田國男を読むようにアドヴァイスされた。こうして、私のフィールドワークは一挙に開始したのである。まさに、血わき肉おどる思いがした。七月二二日に覚書「法定寺雨降り地蔵信仰の宗教社会史的重要性」を執筆し、それをもとに論文「頸城野のフェティシュ信仰──法定寺石仏群の比較宗教学的分析」を完成させ、研究誌『史正』に掲載した。この論文は、そのすぐ後に始まるフェティシズム関連著作第二作『フェティシズムの信仰圏』の一部に収録された。

その後一九九四年六月、生涯に一度という幸運なフィールド調査の機会が私に訪れたのである。それは、上越市三和村越柳の溜め池での雨降り地蔵虐待の儀礼挙行である。この年は例年になく全国的に雨不足だった。その傾向は新潟県上越地方でも顕著だった。そこで六月一二日、ヤラセでなく正真正銘の農耕儀礼として地蔵を溜め池にぶんなげる雨乞いが、越柳近辺の村人総出で行なわれたのだった。たいへんな民俗儀礼であり、ここ数年頸城で雨降り地蔵を調査してきた者としては、偶然とは思えないほどの幸運だった。おまけに、その夜遅くから上越地方に久々の降雨があって、直後の地元新聞はそのニュースで持ちきりだったし、東京地方の夕刊にも越柳での雨乞いと降雨のニュースが報じられていた。その興奮が冷めぬうちに、「平成六年の神仏虐待儀礼」と題する報告文を書き、『日本の石仏』秋号（第七一号）に発表した。これは第一級の仕事と今でも自負している。

フィールド調査の点では、この年はもう一つ意義深いことがあった。それは、六月三〇日大宮市の氷川神社、七月三一日浦和市の氷川女体神社、七月五日同じく浦和市の調神社、この三箇所での茅の輪神事調査である。神仏虐待儀礼の研究を石仏から拡張したもので、こちらも大成功だった。八月にはさっそく報告論文の執筆に入り、その月のうちに完成させている。と同時に、前の年までに調査しておいた諏訪湖湖畔の万治の石仏と奇妙山石仏群の二例を用いた論文「作仏聖とものがみ信仰」を書きあげた。それは翌年九月刊行の『日本の石仏』秋号（第七五号）に載せた。万治の石仏はすでに一九九三年四月に調査済みだった。

三　フレイザー『金枝篇』に読まれる民俗儀礼―敷衍②

フレイザーの『金枝篇』については、その決定版を探れば、これはフェティシズムだと推断しうる事例がたくさん散見される。それによって明白となったことは、第一、フレイザーはド・ブロス『フェティシュ諸神の崇拝』を自らは一度も読まなかったこと、第二、フレイザーはド・ブロスならばフェティシズムの事例に数えるものをすべて呪術（magic）で説明できると考えたこと、第三、フレイザーは、フェティシュという術語を用いはするが、それを悉くイドル（代理物・偶像）ないし神の依代と解していること、以上である。『金枝篇』の本文を読むと、なるほど、fetish という語は出ている。たとえば次のように記されている。「一八二四年、アシャンティー人によってチャールズ・マッカーシー卿が殺された時、彼の心臓は勇気を鼓舞しようと欲したアシャンティー軍の族長たちによってむさぼり食われてしまった。彼の肉は乾燥して、同じ目的で下級士官たちに分け与えられ、その骨は国民的フェティシュとして永くクーマッシーに保存された」。(J.G.Frazer, The Golden Bough, part 5, Spirits of the Corn and the Wild, Vol.2, p.149.) このような文脈にフェティシュなる術語を用いるところをみると、フレイザーはド・ブロスをまったく読み知らないのであろう。なるほど、フェティシュという術語はド・ブロスの専売品でなく、一七世紀以降多くの旅行家・探検家・民族学者によって用いられてきたのだから、必ずしもド・ブロス的な意味で用いなくとも――つまりフェティシュとイドルを混同しても――よいといえる。

しかし、フレイザーがド・ブロスの概念を知らないことだけはたしかである。それからまた、『金枝篇』には少なくとも一箇所 fetishism なる語が用いられている。この術語は fetish と違って、ド・ブロスが自著で明確に概念規定を行なったものである。よって、この語だけは一つの概念に限定して用いなければならない。にもかかわらずフレイザーは、この語に対しても反ド・ブロス的解釈を持ち込むのである。すなわち不実をおかすのである。いわく、

「宗教の比較研究は、これらのプルタルコス理論が真理の転倒であることを明白にしてきた。フェティシズム、すなわち、大地の産物および事物一般は神聖にして、力強い精霊によって生命を吹き込まれる（animated by powerful spirits）との見方は、プルタルコスが想像したように神のことを創造者、万物を与えた者とみなす純粋な一神教がまず原初に存在し、それが後代に堕落したようなものではない。むしろ反対に、フェティシズムの方こそ人類史上初期のもので、一神教は後代のものである」（J.G.Frazer, ibid., p.43.）。

フレイザーは、アニミズムの理論家タイラーの弟子であって、けっしてド・ブロスの弟子ではないことを、ここで明白に語っている。フェティシュにアニマを認めるタイラーと、フェティシュにおいて物自体とアニマ的な分離は見られないとするド・ブロスとの相違は決定的である。

とはいえ、フレイザーは、無意識ながらきわめてド・ブロス的な原始信仰観・野生儀礼意識を吐露している。たとえば、「超自然的存在などというものは、原始野生人にとっては、仮にそのようなものが存在するとしても、人間に優るものとは考えられていない。それはこちらから威嚇

され脅迫されて、その意志を行なうようになるからである」(J.G.Frazer, ibid., Vol.1, p.373.)。したがって、フレイザーを研究することは、或る意味では――すなわち彼の意思に反しての意味では――フレイザーの呪術理論を否定するためにも、不可欠な作業なのである。

ここで、最後に、私が監修を引き受けている決定版『金枝篇』第二巻（国書刊行会、二〇〇四年）の「第一部解説」から一部（三七一～三七二頁）を引用しておく。

＊　　＊

フレイザーは、第一章「森の王」において、北イタリアのネミ湖畔にあるディアナ神殿の森で繰り広げられる悲劇を引き合いに出す。その神殿には「森の王」と称する祭司がいて、「金枝」すなわちヤドリギの枝をのせた一本の聖なる樹木を守っているのだが、やがて彼は新しく祭司職＝王位に就く者によってその金枝を折られ、殺害され、祭司の座を奪われるのであった。この神話はフレイザー『金枝篇』の全巻をつらぬくライトモチーフを象徴している。すなわち、本書は古今東西の神話伝承、民俗・民族誌から素材を得てまとめられた「王殺しの物語」なのである。

第一部は全二巻からなり、そのうち第一巻では、第一章「森の王」に続いて次の項目が論じられる。第二章「祭司王」、第三章「共感呪術」、第四章「呪術と宗教」、第五章「天候の呪術的支配」、第六章「王としての呪術師」、第七章「神の化身としての人間神」。以上を貫く要点は、古代地中海海域・西アジア、中世ヨーロッパの農耕民、狩猟民、遊牧民、そして一九世紀に至るアジア・アフリカ・オーストラリアなど世界各地の先住諸民族のもとにあっては、呪術を為す者が祭司であり王であること、またその職能職権や王位は、実際的にか模擬的にか、とにかく殺されることによって継承される、というものである。その際王ないし祭司たちの行なう呪術は「共感呪術」と総称され、それはさらに「類感呪術もしくは模倣呪術」と「感染呪術」とに区分される。前者は〈類似の法則〉を原理とし、後者は〈接触または感染の法則〉を原理としている。

そして第二巻では、まず世界各地に存在する火や水など自然物に潜む霊魂・精霊を対象とした呪術およびそれの人間生活への影響の事例が紹介される（第八章、第一四章〜第一八章）。また、古代・中世ヨーロッパその他に伝わる樹木や農作物、家畜や野生動物に潜む霊魂・精霊を対象とした呪術およびそれの人間生活との関連の事例（第九章〜第一一章、第一九章、第二〇章）、呪術を中心とする人間生活の様々な営みと自然物の霊との関係（第一二章〜第一三章）などが紹介される。そのような事例の紹介と説明のなかで、本書のライトモチーフである王殺しないし決闘による王権の継承が語られる（とりわけ第十八章）。そして最後の第二一章で第一部の総括的叙述が文学的に示される。「かくして、ネミにおける〈森の王〉は偉大なるアーリア人のオークの神、ユピテルすなわちヤヌスを具現し、オークの女神ディアナと結婚したものと思われる。

四　吉本隆明の「対幻想」「共同幻想」――敷衍③

吉本隆明『共同幻想論』（河出書房新社、一九六八年）の「巫女論」に次の文章が読まれる。「シャーマンでは、自己幻想が問題であるがゆえに、（中略）かれの自己幻想が、他の人間であっても、神であっても、狐や犬神であっても、ようするに共同幻想の象徴に同化することによって部落共同体の共同利害を心的に構成しうる能力にあるのだ」（吉本隆明『共同幻想論』河出書房新社、一九六八年、一〇五頁）。

「村の堂祀にかざられた神仏の像は、村民の共同幻想の象徴である位相では〈神仏を粗末にしてはならない〉という伝承された聖な禁制にほかならない。しかし巫女の〈性〉的な心性からは子供と遊び、子供が面白がれば神仏の像のほうも面白がるといった〈生きた〉対幻想の対象としてあらわれる。ただ巫女は村の堂祀の仏像を未発達な〈性〉的対象としてしか措定しえないために、「子供」が未成熟の象徴をおびてこれらの〈巫女〉譚に登場するのである」（同上、九八頁）。

ここに「自己幻想」「対幻想」そして「共同幻想」のトリアーデが記されている。一九七〇年に本書の第一三版を購入して読んだとき、真中の「対幻想」が印象的だった。例えば夫婦であることは、個人（自己幻想）と社会（共同幻想）を連結する重要観念であると認識したからである。しかし、あれから四〇年以上の歳月を経て、私はこの「対幻想」はありえないものと結論し、よって上記のトリアーデ論はリセットするべきものと判断するに至っている。以下において、これまでの私の研究成果を引用するかたちで、詳細を述べることとしたい。

＊　＊

吉本隆明『共同幻想論』の「巫女論」（同上、九七〜九八頁）に次の記述がある。

『遠野物語拾遺』にあらわれている〈巫女〉譚には特徴がある。それはけっして巫女が主役として登場しないことである。（中略）このような位相でしか登場しない巫女は、成熟した〈性〉の対象として村落の共同幻想をえらびえない水準にあるといえる。その意味で日本の民譚がもつ全体の位相を象徴している。この問題はもっとつきつめることができる。おなじく『遠野物語拾遺』に、はっきりと〈巫女〉と名ざされた巫女が登場する場面がある。

村の馬頭観音の像を近所の子供たちがもちだし投げたりころばしたりまたがったりして遊んでいた。それを別当がとめると、すぐにその晩から別当は病気になった。巫女に聞いてみろと、せっかく観音さまが子供たちと面白く遊んでいるのをお節介したから気に障ったのだというので詫び言をしてやっと病気がよくなった。

遠野のあるお堂の古ぼけた仏像を子供たちが馬にして遊んでいるのを、近所の者が神仏を粗末にすると叱りとばした。するとこの男はその晩から熱をだして病んだ。枕神がたってせっかく子供たちと面白くあそんでいたのに、なまじ咎めだてするのは気に食わぬというので、巫女をたのんでこれから気をつけると約束すると病気はよくなった。（『遠野物語拾遺』五一、五三）

（中略）

つまり、この〈巫女〉譚では村の堂祀にまつられた仏像は幻想的にいえば〈生きている〉存在であり、子供のほうが面白く仏像と遊んでいれば、仏像のほうも面白く子供と遊んでいるにちがいないと相互規定的にかんがえるところに、巫女と村民たちの伝承との微妙にちがった位相があらわれている。村の堂祀にかざられた神仏の像は、村民の共同幻想の象徴である位相では〈神仏を粗末にしてはならない〉という伝承された聖な禁制にほかならない。しかし巫女の〈性〉的な心性からは子供と遊び、子供が面白がれば神仏の像のほうも面白がるといった〈生きた〉対幻想の対象としてあらわれる。ただ巫女は村の堂祀の仏像を未発達な〈性〉的対象としてしか措定しえないために、「子供」が未成熟の象徴をおびてこれらの〈巫女〉譚に登場するのである。

＊　　＊

吉本は、当時、フロイトの術語「リビドー」（性衝動）に心酔していた模様である。「〈性〉的対幻想」の着想は、自説を個人的父親殺しから説き起こすフロイトの近代主義的発想を抜きに考えられない。上記の引用では、未発達であれ仏像を〈性〉的対象として措定するという構えが読みとれる。彼はクランなど先史社会における兄弟姉妹（男女関係）をも対幻想で説明する。しかし、たとえば母方オジ権を調べ上げた後期バッハオーフェンを吉本が知っているならば、〈性〉的対幻想には無理があることを悟ったはずである。吉本は『母権論』までの前期バッハオーフェンなら知っている。そのことについては後で述べるとして、ここでは「村の堂祀にかざられた神仏の像」「村人」「子供たち」の三者に関連する吉本の読み込みを問題にする。結論を示せば、子供たちと「古ぼけた仏像」とは対幻想なのではなく、村人をも交えた共同幻想であるということだ。

二〇一二年九月一五日に行なわれた一九・二〇世紀古典読書会〈東京電機大学千住校舎〉の第九五回報告会「柳田國男と吉本隆明」で、報告者の清水多吉は、そのなかで次の議論を紹介した。吉本は柳田から「生活者」「民衆」の視角を学んだ、と。しかし吉本は、その生活者が潜在的に前近代＝共同体を生きていることについては、柳田から学ばなかった。清水はその点を看過しているように思われる。したがってまた、吉本の捉える「共同幻想」は個人を単位とするもので、畢竟、近代主義者吉本を証するものであることに気づかないのではないか。柳田が問題にする『遠野物語』や『山の人生』にもたしかに「共同幻想」は介在するが、それは共同体を単位とする「共同体幻想」であることに意を払わない。

また、清水は、吉本が「夫婦としての一対の男女は必ず〈空間〉的には縮小する志向性をもっている」〈一五二頁〉とする点について、これを肯定する。しかし、それは性道徳が出現した文明期の特徴であって、先史的世界では、タブーを設けることによってむしろセックスは開放されている〈本選集第1巻、一八五頁以下参照〉。ようするに、吉本の言う対幻想は近代的な個人と個人の対なのであって、その近代的関係を先史世界に逆類推しているだけなのである。だから平気で次のように言えたのだろう。「〈母系〉制社会の真の基礎は集団婚にあったのではなく、兄弟と姉妹の〈対なる幻想〉が部落の〈共同幻想〉と同致するまでに〈空間〉的に拡大したことのなかにあったとかんがえることができる。」〈一五三頁〉この議論はまちがっている。柳田をベースにして生活者の世界に思いをよせる吉本は、「個的幻想」＝近代的観念ＶＳ「共同（体）幻想」＝前近代的観念の衝突を、フロイトに依拠した「対幻想」＝近代的観念で結びつけようとしたのである。前近代と近代を、近代で連結し、そこに人類史的普遍性をもたせようとしたのである。むろん、その試みは破綻している。

吉本のいう対幻想は、私にすれば「フィクション」である。現代の我々の一夫一妻制の家族では、夫と妻がそのまま父親と母親になる。そうした家族像を、私たちは誤って永遠の昔からの像として固定的に考えがちである。それほどに、家族というのは実体性を特徴としている。家族の核は父と母だが、じつはこの取り合わせはまったくの他人同士である。家族の中で父母は血のつながりがない。けれども、子どもたちは、父母を核として家族愛を深めていく。

これに対して前近代の共同社会（氏族＝クラン）は、実体性でなく関係性を特徴とする。制度的にみて現代の家族では、お父さんとお母さんと子どもたちが一つ屋根の下に住んでいる。それに対してクランでは、エクソガミーという制度的な観点からみて、夫婦はいっしょに住んでいない。子どもたちも生みの親に囲われていない。夫と妻、親と子という関係があるのであって、実体は捉えにくい。

分業的な観点からいうと、男たちは通常は狩りに行っていて家にはほとんどいない。姉妹たちだけが家にいて農耕に勤しんでいる。兄弟たちが狩りに行っているときに、よそから狩りの最中の部外者が来て女たちとセックスをして子どもが生まれる。にわかづくりの夫たちは、しばらくするとまたどこかに立ち去っていって、そこに生みおとされた子どもたちは母親たちのところで育つ。そこには関係性だけがある。我々がいっているような意味での実体的な家族は成立していない。

もっとも実体を捉えやすいのは産みの母と実の子である。とくに母親から娘へ、という系譜は捉えやすい。そこで、母系が家族形態の最初に来ることが多い。しかし、この系譜には父親は入らない。したがって、家族という概念は父親とか父権とかの概念とともに生まれたと言える。人類社会はこうして、母権（母系）社会→母方オジ社会→父権社会、と変化してきた。その過程で、かけがいない夫婦愛というフィクションが形成された。夫婦については、血縁という実体が伴わない分をフィクションで補ってきたのである。

人（の能力）は、そのときどきの環境――社会環境、歴史環境、生活環境、そして身体環境――にあってさまざまな外的存在とさまざまな関係の中に共同存在しているのだということを忘れてはならない。自己同一の対象が変わればそれとの共同存在としての自己（の能力）も変わるということである。身体知的視座における自己とは、すべてその人物が関わり合ってきた諸関係の中で相互的に決まる。すべてが複合されて存在しているのであって、どれが本物でどれが偽物だなどと決めることはできない。諸関係の総体で見ていくのが本筋である。

以上の記述をもって第4巻「母権・神話・儀礼―ドローメノン（神態的所作）」の解説とする。

『社会思想史の窓』総目次

＊小誌は第 158 号をもって終刊となりました。

＊　　　＊

社会思想史の窓刊行会・特別企画

［第 1 ］ 社会思想史の窓刊行会編『アソシアシオンの想像力――初期社会主義思想への新視角』平凡社、1989

［第 2 ］ 石塚正英編『ヘーゲル左派――思想・運動・歴史』法政大学出版局、1992

［第 3 ］ 石塚正英・柴田隆行・的場昭弘・村上俊介編『都市と思想家』全 2 巻、法政大学出版局、1996

［第 4 ］ 石塚正英編『ヘーゲル左派と独仏思想界』御茶の水書房、1999

［第 5 ］ 社会思想史の窓刊行会編『近代の超克―永久革命』理想社、2009

第 152 号（2006.12.20）
フランス革命後のドイツの社会思想― 1790 年代におけるドイツ社会思想の諸形態（8／完）ノヴァーリスの場合　………………二本柳 隆
ショーヴィニズム…………………………………………………石塚正英
優れた技術の 4 条件――有用性・安全性・経済性そして倫理性
…………石塚正英
小誌『社会思想史の窓』の草創期を支えてくださった人々
…………社会思想史の窓編集部
『社会思想史の窓』150 号刊行をむかえて………社会思想史の窓編集部
第 153 号（2007.01.20）
二本柳隆著『フランス革命後のドイツ社会思想』から継承するもの
…………石塚正英
間主観的アイデンティティとフェティシズム…………………石塚正英
アウグストゥス皇帝石像よりブッダ石像………………………石塚正英
第 154 号（2007.05.20）
儀礼の二類型とその意味…………………………………………石塚正英
津田道夫編著『ある軍国教師の日記』（高文研、2007 年）を読む
…………石塚正英
第 155 号（2007.12.20）
日本における比較神話学研究の歩み
――高木敏雄・松村武雄・羽仁五郎・布村一夫………………石塚正英
10 年掃除しない人間になる　……………………………………石塚正英
マゴット・セラピー………………………………………………石塚正英
第 156 号（2008.01.20 ）
音の感性文化論的解釈……………………………………………石塚正英
映画「シックス・センス」に思う………………………………石塚正英
どぜうとともに生きる……………………………………………石塚正英
アイドル動物の骨って可愛くないのかな？……………………石塚正英
第 157 号（2009.01.20 ）
地球市民社会（natural persons' association）の提唱　………石塚正英
ルートヴィヒ・フォイエルバッハ………………………………石塚正英
カール・マルクス…………………………………………………石塚正英
ヴィルヘルム・ヴァイトリング…………………………………石塚正英

ドイツ再統一後のドレスデン……………………………………角田晃子
第145号（2006.04.20）
対談：アミルカル・カブラルのアフリカ近代化論と近代超克論
…………白石顕二・石塚正英
第146号（2006.06.20）
子どもにとって［普通・人並み］［学校の意味・無意味］が意味するもの……………………………………………………………石塚正英
哀愁の漂う小話一つ二つ――「流れ勧進」と「冬の三十日荒れ」に涙して……………………………………………………………石塚正英
第147号（2006.07.20）
［書評］津田道夫著『国家と意志――意志論から読む「資本論」と「法の哲学」』積文堂、2006年 ……………………………………石塚正英
アインシュタイン・シュタイン・躓きの石………………………石塚正英
悪がきと少女、東京砂漠……………………………………………石塚正英
知を愛する人 Sophiologist …………………………………………石塚正英
第148号（2006.08.20）
青年期シュタインの「社会」主義あるいはヘーゲル的国家主義の克服
…………石塚正英
ぼくの守護霊・カリスマ・自己革命………………………………石塚正英
第149号（2006.09.20）
フランス革命後のドイツの社会思想―1790年代におけるドイツ社会思想の諸形態（5）ヘルダーの場合 ……………………………二本柳 隆
［書評］鎌倉仏教の神髄を探究――雑修的ダイナミズムの究明を通じて、中尾尭 著『中世の勧進聖と舎利信仰』吉川弘文館、2001
…………石塚正英
第150号（2006.10.20）
フランス革命後のドイツの社会思想―1790年代におけるドイツ社会思想の諸形態（6）フィヒテの場合 ……………………………二本柳 隆
石仏という農民的表現………………………………………………石塚正英
第151号（2006.11.20）
フランス革命後のドイツの社会思想―1790年代におけるドイツ社会思想の諸形態（7）カントとノヴァーリスの場合……………二本柳 隆
石仏と木仏のインターフェイス……………………………………石塚正英

第 135 号（2004.05.20）
第三帝国と IG ファルベン――モノビッツ収容所「経営者」・私的独占企業の「犯罪」を手がかりにして（1）……………………川島祐一
第 136 号（2004.07.20）
第三帝国と IG ファルベン――モノビッツ収容所「経営者」・私的独占企業の「犯罪」を手がかりにして（2）……………………川島祐一
第 137 号（2004.08.20）
フランス革命後のドイツの社会思想― 1790 年代におけるドイツ社会思想の諸形態（1）フランス革命に対するドイツ知識人の反響
…………………二本柳 隆
第 138 号（2004.11.20）
フランス革命後のドイツの社会思想― 1790 年代におけるドイツ社会思想の諸形態（2）ゲオルク・フォルスターの場合…………二本柳 隆
第 139 号（2005.02.20）
フランス革命後のドイツの社会思想― 1790 年代におけるドイツ社会思想の諸形態（3）ヘルダーの場合…………………………二本柳 隆
第 140 号（2005.03.20）
「哲学の言語」と他の諸言語との差異―体系批判としてのアドルノ言語哲学を手がかりに……………………………………………天畠一郎
第 141 号（2005.04.20）
フランス革命後のドイツの社会思想― 1790 年代におけるドイツ社会思想の諸形態（4）ヘルダーの場合…………………………二本柳 隆
第 142 号（2005.06.20）
ヘーゲル左派と初期マルクス――山中隆次先生を偲ぶ会（2005.06.04）報告……………………………………………………………石塚正英編
第 143 号（2006.02.20）
数学者ピュタゴラスの非数学的側面……………………………高橋正樹
日本の歴史の裏に潜む日本の数学文化の探求…………………田島優也
クレオリゼーション……………………………………………石塚正英
第 144 号（2006.03.20）
戦争における数学の果たした役割に関する研究～ジョン・フォン・ノイマンと原爆の開発……………………………………………糸賀由貴子
情報時代の民主主義制度―― 1930 年代と現代 ………………川島祐一

【古典の森散策】バイブルの精神分析（その５） ………やすいゆたか
【歴史知の小径】イロニーの脅迫 ……………………………………鯨岡勝成
【民俗の森散策】憑依する神々の姿――南インド・ケーララに住むクルチェラのテイヤム…………………………………………………川野美砂子
第124号（2000.09.20）
供犠と聖餐 ………………………………グラント・アレン　石塚正英・訳
第125号（2001.01.20）
その後のバッハオーフェン…………………………………………石塚正英
第126号（2001.03.20）
日本史の中の世界史的契機――古代冊封体制・幕末開国・戦後再建
…………石塚正英
第127号（2001.05.20）
アメリカへ渉った三月革命人―５―
…………A.E. ツッカー編 石塚正英・訳
第128号（2001.08.20）
アメリカへ渉った三月革命人―６―
…………A.E. ツッカー編 石塚正英・訳
第129号（2001.09.20）
アメリカへ渉った三月革命人―７―
…………A.E. ツッカー編 石塚正英・訳
第130号（2002.01.20）
私のアソシアシオン研究を振返って―ある講演の記録―……石塚正英
第131号（2002.06.20）
フレイザー『金枝篇』完訳版から（１）――神成利男訳刊行を記念して――…………………………………………………………石塚正英
第132号（2002.09.20）
フレイザー『金枝篇』完訳版から（２）――神成利男訳刊行を記念して――…………………………………………………………石塚正英
第133号（2003.10.20）
フレイザー『金枝篇』完訳版から（３）――神成利男訳刊行を記念して――…………………………………………………………石塚正英
第134号（2004.03.20）
医療と信仰――医療に及ぼす情報の影響に関する研究………平野功治

金子みすゞのまなざし……………………………………………田中信市
「ねむり姫」――夢みる力―― …………………………………勝又洋子
３枚の御札――人喰い山姥と子供――…………………………長野晃子
教室は自分探しの旅――少年少女たちとの奮戦記から――
…………野村みどり
旅ねずみは海へむかう――逆説的子ども文化論――…………天沼春樹
子どもの世界・遊びの世界をたずねて
――日本神話からベンヤミン、ライヒ、カイヨワにおよぶ――
…………石塚正英
【論争の思想史】「邪馬台国」論争の解明………………………藤田友治
【伝承の森散策】バイブルの精神分析（その４） ………やすいゆたか
【言葉の森散策】クレオールな旅立ち（第１回）クレオールというプライド――カボ・ベルデ…………………………………………市之瀬敦
【余韻のサッカーW杯】白人×黒人＝勝利＋美＝国家統合？――ブラジル・サッカーの挑戦――……………………………………市之瀬敦
【書斎の煌めき１】第２次世界大戦勃発から60年――綱川政則『ヨーロッパ第２次大戦前史の研究――イギリス・ドイツ関係を中心に』（刀水書房、1997）の紹介…………………………………………宮本正博
【書斎の煌めき２】〈歴史知〉の小品プロムナードを遊歩する――鯨岡勝成『―極辺精神史――瞥的観光』（竹禅庵文庫、1999）の紹介――
…………石塚正英
第123号（2000.8）特集：―― 20世紀悪党列伝
特集・巻頭言・20世紀悪党列伝 ………………………………石塚正英
東郷青児・戦後美術界のボス……………………………………篠原敏昭
「佐渡が島のぼんやり」から「富豪革命家」へ――岩崎革也宛北一輝書簡にみられる借金懇願の論理と心理…………………………志村正昭
20世紀の悪党ジョン・フィッツジェラルド・ケネディ ……益岡　賢
サラザール――「偉大さ」に憑かれた独裁者…………………市之瀬敦
【論争の思想史】好太王碑改竄論争 ……………………………藤田友治
【書斎の煌めき】呉人渡来製作説の波紋：藤田友治『三角縁神獣鏡―その謎を解明する』（ミネルヴァ書房）の紹介 ………………室伏志畔
【言葉の森散策】クレオールな旅立ち（第２回）海を越えたクレオール、アメリカ東海岸…………………………………………………市之瀬敦

雄・石塚正英（司会）
【農の現場から１】「あるものを生かす」思想――農業と暮らしが生き延びるために……大内直子
【農の現場から２】元気印の勇気百姓群像 ……田中正治
【メンタル・エッセー】農民精神の私的探究 ……淺見佐和子
【アグリ・エッセー】農林業に関する近年の新聞報道 ……上条三郎
【農の文化史論】Cultus ――儀礼と農耕の社会思想史……石塚正英
【農の社会革命論】大地を守り、人間を守る――農業経済学者としてのアミルカル・カブラル……市之瀬敦
【バトル・エッセー】従軍慰安婦と教科書――藤岡信勝批判 ……石村多門
【古典の森散策】バイブルの精神分析（その２） ……やすいゆたか
【離島インフォメーション】東ティモール共通語・テトゥン語学校建設支援運動報告……高橋道郎
【生活エッセー】自分のパンツを誰が洗うか ……江口慶子
第121号（1999.4）――特集：海越えの思想家たち
《太陽の塔》の下にあるもの――岡本太郎のパリ時代 ……篠原敏昭
福本和夫のドイツ留学と日本マルクス主義……栗木安延
大山郁夫における在外体験と志向スタンス……西田照見
出隆における曲線と直線――ヨーロッパ体験と哲学50年 ……柴田隆行
国分一太郎、東シナ海を越える……津田道夫
海越えの思想家たち――革命思想家と神話学者……石塚正英
【海越え海外版】ジルベルト・フレイレとルゾ・トロピカリズモ ……アベル・ロペス・ラルバック
【古典の森散策】バイブルの精神分析（その３） ……やすいゆたか
【紀行エッセー】仮面の美学――ヴェネツィア冬紀行 ……勝又洋子
【余韻のW杯】フランスが移民を愛した夜 ……市之瀬敦
【プロムナード・エッセー】素朴造形美術に歴史知をみる――ケルト美術展・クメール美術展・ブッダ展……石塚正英
第122号（1999.11）――特集：子どもの世界へ
特集巻頭言・子どもの世界へ……柴田隆行
共生をもとめて――ムーミン谷の11月―― ……柴田隆行

第 118 号（1997.5）——特集：クレオル文化
討論「クレオル文化が歴史を動かす」
…………青山森人・市之瀬敦・長尾史郎・石塚正英（司会）
クレオルの島カボ・ベルデ——その形成とディアスポラ……市之瀬敦
東チモールと日本の新聞報道……………………………………青山森人
言語の本質と構造——生得説とクレオルをめぐって…………柴崎　律
［書評］アンゴラ人でしか描けないアンゴラの根っこ——ペペテラ著・市之瀬敦訳『マヨンベ』（緑地社刊、1996）　……………青山森人
【研究論文】Ｊ・Ｊ・ルソーの正義論—人類と国家の円環史的展開の視点から…………………………………………………………鳴子博子
【生活エッセー】「制服」のことあれやこれや…………………江口慶子
【批評エッセー】君の現代史はいつ始まったか—全共闘世代を批判する今の 20 歳 ……………………………………………………上条三郎
第 119 号（1998.4）——特集：世界史の十字路——離島
討論「世界史の十字路——離島」
……高橋道郎、真実一美、G・C・ムアンギ、市之瀬敦、石塚正英（司会）
東ティモール人のアイデンティティーと言語
…………ジョゼ・ラモス・オルタ　市之瀬敦・訳
第１回テトゥン語国際会議の意義…………………………………高橋道郎
多言語社会の未来を信じて——ダーウィン・テトゥン語国際会議報告
…………市之瀬敦
われわれならできるのだ！——ダーウィン・テトゥン語国際会議の印象……………………………………アジオ・ペレイラ　市之瀬敦・訳
バングラデシュの文化・言語多元主義の展望とチッタゴン丘陵問題
…………真実一美
【離島文化論エッセー１】ハワイ——太平洋の自然史と文化史の十字路…………………………………………………………………津田道夫
【古典の森散策】バイブルの精神分析（その１）………やすいゆたか
【離島文化論エッセー２】八重山の南方系芸能 ………………山里純一
【民俗の森散策】虐待される道祖神 ……………………………石塚正英
第 120 号（1998.11）——特集：浮遊する農の思想
討論・「浮遊する農」に向きあう宮城の農民たち
……伊藤勝夫・伊藤拓郎・大内直子・渋谷文枝・早坂えみ子・星野行

ューヒナーのスピノザ研究について」……………………………松田克進
白雪姫物語の社会思想史的分析③………………………………石塚正英
第110号（1994.9）
試験的ファランジュの配置……シャルル・フーリエ著　大澤　明・訳
第111号（1994.11）
1832年から1848年までのチャーティストの歴史――ファーガス・オコナー①………………………ゲオルグ・ヴェールト著　高木文夫・訳
第112号（1994.12）
1832年から1848年までのチャーティストの歴史――ファーガス・オコナー②………………………ゲオルグ・ヴェールト著　高木文夫・訳
第113号（1995.4）
マッツィーニの「人民の神聖同盟」構想――「ヨーロッパ民主中央委員会」の「宣言」…………………………………………黒須純一郎・訳
第114号（1995.5）
『経哲手稿』「私有財産と労働」における物神性論……………保井　温
第115号（1995.6）
「ヘーゲル左派」研究のヨーロッパにおける新しい動向
…………田村伊知朗
『フォイエルバッハ全集』編集の現段階
…………マヌエラ・ケッペ著　柴田隆行・訳
フォイエルバッハの事跡めぐり…………………………………柴田隆行
墓参り二題――D・シュトラウスとL・v・シュタイン……柴田隆行
フーリエの遺志から想像された完成人間………………………石塚正英
第116号（1996.3）
ヘーゲル左派日本語研究文献目録（マルクス・エンゲルス・フォイエルバッハを除く）…………………………………………柴田隆行・編
近代から1850年までのおもな哲学史文献表……………柴田隆行・編
日本の哲学思想史研究文献仮目録　書物篇　第3版（1995.8）
………柴田隆行・編
第117号（1996.4）
［書評］エルヴェ・バロー著・松田克進訳『エピステモロジー』（白水社刊、文庫クセジュ773、1995）………………………………石川伊織
ヨーロッパ都市の史的展開と思想家たち………………………石塚正英

第 101 号（1993.5）
1780 年から 1832 年までのラジカル・リフォーマーの歴史①
…………ゲオルグ・ヴェールト著　高木文夫・訳
［新刊紹介］『母権論』への正門——J・J・バッハオーフェン著　佐藤信行・佐々木充・三浦淳・桑原聡訳『母権論』序論「リュキア・クレタ」を読んで…………………………………………………臼井隆一郎
第 102 号（1993.9）
ヘーゲルにおける経済学の位置——B・プリダット『経済学者ヘーゲル』第一章………………………B・P・プリダット著　高柳良治・訳
アルプスのバラ——ローレンツ・シュタイン詩集より
…………ローレンツ・シュタイン作　柴田隆行・訳
第 103 号（1993.10）
自由についての哲学的諸問題とフォイエルバッハ……………細谷　実
ローレンツ・シュタイン文書について、追記…………………柴田隆行
第 104 号（1993.11）
1780 年から 1832 年までのラジカル・リフォーマーの歴史②
…………ゲオルグ・ヴェールト著　高木文夫・訳
第 105 号（1993.12）
イギリスにおける社会運動と社会主義①
…………L・シュタイン著　柴田隆行・訳
第 106 号（1994.1）
ゲオルグ・ビューヒナー『スピノザ研究ノート』①
…………ゲオルグ・ビューヒナー著　松田克進・訳
第 107 号（1994.3）
ゲオルグ・ビューヒナー『スピノザ研究ノート』②
………ゲオルグ・ビューヒナー著　松田克進・訳
白雪姫物語の社会思想史的分析①……………………………石塚正英
第 108 号（1994.5）
ゲオルグ・ビューヒナー『スピノザ研究ノート』③
…………ゲオルグ・ビューヒナー著　松田克進・訳
白雪姫物語の社会思想史的分析②……………………………石塚正英
第 109 号（1994.7）
ゲオルグ・ビューヒナー『スピノザ研究ノート』④——訳者解説「ビ

…………柴田隆行
第92号（1992.1）
科学的社会主義………………………Ｊ・ディーツゲン著　森田勉・訳
第93号（1992.2）
アメリカの社会主義と共産主義……Ｌ・シュタイン著　柴田隆行・訳
第94号（1992.3）——布村一夫先生傘寿記念——
19世紀後半のロマン主義と進化主義——『母権論』と『古代社会』と………………………………………………………………布村一夫
第95号（1992.4）
柴田隆行著『横超の倫理と遊戯の哲学——信太哲学研究』（哲書房刊、1992.3）を読む…………………………………………………神川正彦
宿命論と決定論……………………………………………………信太正三
信太正三著作目録（抄）………………………社会思想史の窓編集部
第96号（1992.5）
［研究ノート］ドイツにおける〈心性の近代化〉とキリスト教
…………下田　淳
姜大石氏講演「なぜ韓国でフォイエルバッハが求められるのか？」
…………フォイエルバッハの会・編訳
国際フォイエルバッハ協会会長ハンス・マルティン・ザースからの会員への回状要旨（1992.2.15付）…………………………………柴田隆行
第97号（1992.6）
神、人間、宇宙についての研究
…………シャルル・フーリエ著　大澤　明・訳
［新刊紹介］不自由で「自由」を実現した邦アメリカ——野村達朗著『「民族」で読むアメリカ』（講談社新書、1992.5刊）……………石塚正英
第98号（1992.7）
ピューリタンの定義をめぐて………………………………………青木道彦
コロンブス500年で考えさせられたこと………………………石塚正英
第99号（1992.8）
初版『イエスの生涯』③………………Ｄ・シュトラウス著　Ｄ・シュトラウス研究会・訳
第100号（1992.9）
ローレンツ・シュタイン文書について…………………………柴田隆行

Ｌ・フォイエルバッハ日本語文献目録・追加二（1990年2月以降1991年5月31日現在）…………………………………………柴田隆行
第84号（1991.5）
初版『イエスの生涯』①
…………Ｄ・シュトラウス著　Ｄ・シュトラウス研究会・訳
第85号（1991.6）
単一基本共感と複合基本共感および単一基本反感と複合基本反感の体系④……………………………シャルル・フーリエ著　大塚昇三・訳
第86号（1991.7）
初版『イエスの生涯』②
…………Ｄ・シュトラウス著　Ｄ・シュトラウス研究会・訳
第87号（1991.8）
［新刊紹介］止揚されるものとしての唯物史観とは何か――原田実著『労働の疎外と市民社会――初期マルクス経済学の研究』（雄山閣出版、1990.9）………………………………………………………石塚正英
いま、ときはマルクス左派に微笑んでいる……………………石塚正英
第88号（1991.9）
パリのマルクスの住居ヴァノー通り①………………………的場昭弘
第89号（1991.10）
パリのマルクスの住居ヴァノー通り②………………………的場昭弘
第90号（1991.11）
［新刊紹介］現代の宗教改革者フォイエルバッハ――ブラントホルスト著『ルターの継承と市民的解放、フォイエルバッハとドイツ三月革命前期の研究』（桑山政道訳、新地書房刊、1991.3）を読んで
…………柴田隆行
［新刊紹介］フォイエルバッハはシュライエルマッハー主義者か――石塚正英著『フェティシズムの思想圏』（世界書院、1991.4）を読む
…………石川三義
第91号（1991.12）
イギリスにおける社会運動と社会主義①
…………Ｌ・シュタイン著　柴田隆行・訳
［新刊紹介］Ｌ・シュタイン著　森田勉訳『社会の概念と運動法則　付・シュタインの生涯』（ミネルヴァ書房刊、1991.12）を読む

『社会思想史の窓』総目次

アメリカへ渡った三月革命人④
………… A・E・ツッカー編　石塚正英・訳
第76号（1990.9）
『シュトラウスとフォイエルバッハの間の審判者としてのルター』の著者について……………H・H・ブラントホルスト著　桑山政道・訳
Zu Feuerbachs Anthropologie und Ethik　……………von H.-J. Braun
第77号（1990.10）
［書評］ドロシー・トムスン著／古賀秀男・岡本充弘訳『チャーティスト』（日本評論社刊、1988.9）……………………………………松村高夫
第78号（1990.11）
単一基本共感と複合基本共感および単一基本反感と複合基本反感の体系①………………………シャルル・フーリエ著　大塚昇三・訳
第79号（1990.12）
［書評］フォイエルバッハのなかのカント―服部健二著『歴史における自然の論理』（新泉社刊、1990.7）を読む　………………河上睦子
今日のわれわれにとってのフォイエルバッハ――藤巻和夫著『フォイエルバッハと感性の哲学』（高文堂、1990.7）の現代的視角　……川本　隆
国際フォイエルバッハ学会の設立とその後の動向…………澤野　徹
第80号（1991.1）
単一基本共感と複合基本共感および単一基本反感と複合基本反感の体系②………………………シャルル・フーリエ著　大塚昇三・訳
第81号（1991.2）
フォイエルバッハとショーペンハウエル
………… S・ラヴィドウィッツ著　桑山政道・訳
大井正先生の死を悼んで…………………………社会思想史の窓・編集部
最晩年に処女作へ思いをよせる――大井正著『東印度の農耕儀礼』（原題）刊行によせて………………………………………………石塚正英

第66号（1989.11）
千年王国論とイギリス革命④――独立派聖職者Ｊ・バローズの場合
…………岩井　淳
第67号（1989.12）
ヘーゲル左派と独仏思想界（十九世紀古典読書会・例会報告）④――篠原敏昭「反ユダヤ主義者としてのブルーノ・バウアー、後期の思想展開との関連で」…………………………十九世紀古典読書会・編
第68号（1990.1）
ヘーゲル左派と独仏思想界（十九世紀古典読書会・例会報告）⑤――野村真理「ユダヤ人問題、西欧とユーデントゥームのはざま」
…………十九世紀古典読書会・編
ソキエタスの原理よ浮上せよ①……………………………石塚正英
第69号（1990.2）
ロホウ『子どもの友』の衝撃とその継承――書誌的考察……寺田光雄
ソキエタスの原理よ浮上せよ②……………………………石塚正英
第70号（1990.3）
ヘーゲル左派と独仏思想界（十九世紀古典読書会・例会報告）⑥――生方　卓「ヘーゲル学派の社会哲学、特に経済学について」
…………十九世紀古典読書会・編
第71号（1990.4）
国際フォイエルバッハ学会報告……………フォイエルバッハの会・編
第72号（1990.5）
ヘーゲル左派と独仏思想界（十九世紀古典読書会・例会報告）⑦――滝口清栄「ヘーゲルの財産共同体批判」……十九世紀古典読書会・編
〈共同研究・ヘーゲル左派〉の編集・刊行にむけて
…………社会思想史の窓編集部
第73号（1990.6）
プルードンの自筆・未刊書簡……………………………藤田勝次郎
第74号（1990.7）
ヘーゲル左派と独仏思想界（十九世紀古典読書会・例会報告）⑧――柴田隆行「ヘーゲル学徒としてのシュタイン」
…………十九世紀古典読書会・編
第75号（1990.8）

『社会思想史の窓』総目次
神田順司「行為の哲学とドイツ的みじめさ（ミゼーレ）、同一性の哲学との連関において」……………………十九世紀古典読書会・編
「フォイエルバッハの会」に想う――今なぜフォイエルバッハか
　　　　　　　　　　　　　　　　　　　　　　　…………桑山政道

第59号（1989.4）
産業および学問の無政府状態について④
　　　　　　　　　…………シャルル・フーリエ著　大澤　明・訳

第60号（1989.5）
千年王国論とイギリス革命③――G・ウィンスタンリの思想
　　　　　　　　　　　　　　　　　　　　　　　…………栗原淑江

第61号（1989.6）
ヴィルヘルム・シュルツ小伝①――社会的および政治的進歩のためのブルジョア的一前衛…………ヴァルター・グラープ著　近藤保義・訳
［書評］スコットランド啓蒙の統一的思想像を求めて――田中正司編著『スコットランド啓蒙思想研究――スミス経済学の視界』(北樹出版、1988) を読んで………………………………………………生越利昭

第62号（1989.7）――フォイエルバッハの会創立記念特集――
フォイエルバッハとの私のふれあい……………………舩山信一
国際フォイエルバッハ協会のこと………………………藤巻和夫
L・フォイエルバッハ日本語文献目録（1989.5.1 現在）
　　　　　　　　　　　　　　　　　　　…………柴田隆行・編

第63号（1989.8）
ヘーゲル左派と独仏思想界（十九世紀古典読書会・例会報告）③――
村上俊介「ブルーノ・バウアーの三月革命観」
　　　　　　　　　　　　　　…………十九世紀古典読書会・編

第64号（1989.9）
ヴィルヘルム・シュルツ小伝②――社会的および政治的進歩のためのブルジョア的一前衛…………ヴァルター・グラープ著　近藤保義・訳

第65号（1989.10）

典・ピストリウス独語訳版を座右にして③……………………石塚正英
第 51 号（1988.8）
産業および学問の無政府状態について①
…………シャルル・フーリエ著　大澤　明・訳
フーリエ研究会（十九世紀古典読書会主催）の紹介…………窓編集部
第 52 号（1988.9）
千年王国論とイギリス革命①——長老派との関連の視角から
…………青木道彦
［書評］石川郁男著『ゲルツェンとチェルヌィシェフスキー——ロシア急進主義の世代論争』（未来社刊 1988 年 3 月）…………下里俊行
第 53 号（1988.10）
産業および学問の無政府状態について②
…………シャルル・フーリエ著　大澤　明・訳
ヘーゲル左派・研究報告会（十九世紀古典読書会例会）の紹介
…………窓編集部
第 54 号（1988.11）
千年王国論とイギリス革命②——クェイカー運動におけるキリストの再臨……………………………………………………………西村裕美
国際フォイエルバッハ協会設立される…………………………柴田隆行
第 55 号（1988.12）
ヘーゲル左派と独仏思想界（十九世紀古典読書会・例会報告）①——渡辺憲正「マルクスとバウアーとの接点（1843 − 44 年）」、滝口清栄「L・フォイエルバッハの思想的 転回とシュティルナー」
…………十九世紀古典読書会・編
第 56 号（1989.1）
産業および学問の無政府状態について③
…………シャルル・フーリエ著　大澤　明・訳
第 57 号（1989.2）
［インタビュー］神話とマルクス・フェティシズムとマルクス
…………布村一夫（きき手・石塚正英）
［書評］正倉院籍帳に上代民衆の姿を見出す——布村一夫『日本上代の女たち』（女性史双書・第三、家族史研究会刊、1988.7）を読んで
…………卯野木盈二

『社会思想史の窓』総目次

バーゼル歴史博物館主催によるバッハオーフェン百年忌記念行事について………………………………………………………………編集部
第41号（1987.10）
英・仏初期社会主義のドイツへの導入②――［翻訳］F・シュトローマイヤー「英・仏三大初期社会主義論（オーエン、サン・シモン、フーリエ論）」上 ……………………………………………近田錠二
羽仁文庫（桐生市立図書館内）の紹介……………………………編集部
第42号（1987.11）
プレハーノフの象形文字説………………………………………坂本　博
［新刊紹介］〈発展の段階と類型〉の思想家ミハイロフスキーのダーウィン理解によせて――石川郁男「ミハイロフスキーとロシアの非資本主義的発展」（茨城大学人文学部紀要〈社会科学〉第一八号、一九八六・三）、同「ミハイロフスキーの『進歩の理論』――その形成」（同、第20号、1987.3）………………………………………………編集部
第43号（1987.12）
1845年9月2日付トリーアからヘス宛の手紙について　……的場昭弘
第44号（1988.1）
マルクスのプロイセン国籍離脱に関する書簡…………………的場昭弘
第45号（1988.2）
ミハイロフスキーの「発展の段階と類型」の理論……………石川郁男
［新刊紹介］良知力著『ヘーゲル左派と初期マルクス』（岩波書店刊、1987）考………………………………………………………村上俊介
［新刊紹介］農林中金研究センター編『協同組合論の新地平――もう一つの可能性』（日本経済評論社刊、1987.10）………………杉本貴志
十九世紀古典読書会の紹介………………………………………編集部
第46・47合併号（1988.3）
マルクスの『フェティシズム・ノート』を読む――ド・ブロス仏語原典・ピストリウス独語訳版を座右にして①…………………石塚正英
第48・49合併号（1988.5）
マルクスの『フェティシズム・ノート』を読む――ド・ブロス仏語原典・ピストリウス独語訳版を座右にして②…………………石塚正英
第50号（1988.7）
マルクスの『フェティシズム・ノート』を読む――ド・ブロス仏語原

［新刊紹介］‘歴史なき民族’の存在根拠を自覚した後期ヘーゲル左派への橋渡し――良知力・廣松渉編『ヘーゲル左派論叢第3巻・ユダヤ人問題』（御茶の水書房刊、1986.9）……………………………編集部
［新刊紹介］‘切り捨てられたものの復権’の真の意味を問う――寺田光男著『内面形成の思想史――マルクスの思想性』（未来社刊、1986.10）………………………………………………………………編集部
第34号（1987.3）
DES INTERETS POLITIQUES DE LINDUSTRIE, par H. SAINT-SIMON（『窓』第26号掲載）第1節の異文照合 ……………中村秀一
第35・36合併号（1987.4）
辞典類に現れたロバート・オーエン…………………………白井　厚
［新刊紹介］交互的運動としてのサン・シモン思想をこんにちに活かす試み――中村秀一
「産業〔生産〕と倫理の相克――サン・シモンの産業主義とポスト産業主義について」（中込道夫・中村秀一・内山隆著『「近代化」の再考――その思想的基軸を求めて』北樹出版刊、1986.10所収）……編集部
第37号（1987.6）
アメリカへ渡った三月革命人③
…………A・E・ツッカー編　石塚正英・訳
［新刊紹介］モルガンに啓発されないではマルクス共同体論は画竜点睛を欠くか？――布村一夫著『マルクスと共同体』（世界書院刊、1986.10）…………………………………………………………編集部
第38号（1987.7）
初期トカチョーフの思想形成の過程――司法改革論から「経済的唯物論」への道筋………………………………………………下里俊行
第39・40合併号（1987.8）
ロマン主義者バッハオーフェン百年忌――サヴィニー・グリム・バッハオーフェン・マルクス……………………………………布村一夫
バッハオーフェンとブリフォー――母権説をめぐって………石原通子
バッハオーフェンの遺稿に接して……………………………緒方和子
バッハオーフェン『母権論』を学ぶ――布村一夫著『原始、母性は月であった』をよんで……………………………………中山そみ
日本における『母権論』のうけいれ…………………………光永洋子

『社会思想史の窓』総目次

『女性史研究』(家族史研究会編集・共同体社刊)総目次③……編集部
第24号 (1986.5)
アメリカへ渡った三月革命人・人名辞典①(訳者解説つき)
　　　　　　　　　　　…………A・E・ツッカー編　石塚正英・訳
第25号 (1986.6)
ローレンツ・シュタイン、法秩序(訳者解説つき)……森田　勉・訳
第26号 (1986.7)
UNE BROCHURE INACHEVEE DE SAINT-SIMON: DES INTERETS POLITIQUES DE LINDUSTRIE
　　　　　　　　　　…………par SHUICHI NAKAMURA
第27号 (1986.8)
サン・シモンの未完の小冊子『産業の政治的諸権利』………中村秀一
[新刊紹介]サン・シモン主義に関する最近の研究成果——佐藤茂行「サン・シモン教について——サン・シモン主義と宗教的社会主義——」(経済学研究〈北海道大学〉第35巻第4号、1986.3)………………編集部
第28・第29合併号 (1986.9)
『今日のフランスの社会主義と共産主義』(ローレンツ・シュタイン)の三つの版の異同について……………………………………柴田隆行
第30号 (1986.11)
アメリカへ渡った三月革命人・人名辞典②
　　　　　　　　　　…………ツッカー編　石塚正英・訳
[新刊紹介]母権の復活を求めて　布村一夫著『原始、母性は月であった——「母権論」著者バッハオーフェン百周年忌記念』(女性史双書・第一、家族史研究会、1986.7) ………………………………編集部
第31号 (1986.12)
英・仏初期社会主義のドイツへの導入①——ガルとオーエン
　　　　　　　　　　…………近田錠二
[新刊紹介]マルクス前学(Vormarxologie)の創始——的場昭弘著『トリーアの社会史 ——カール・マルクスとその背景』(未来社刊、1986.6) ………………………………………………………編集部
第32・33合併号 (1987.1)
[書評]「実証」の荒野を渡る——浜林正夫著『現代と史的唯物論』(大月書店刊、1984.2) ………………………………………森尾直康

ンの急使》刊行150周年記念展・目録――』Jonas Verlag 1985
…………編集部
第17号（1985.10）
トマス・モア研究の展望――二つの国際会議について――
…………田村秀夫
［書名紹介］『イェール版聖トマス・モア全集』刊行の軌跡……編集部
ロンドンにおける万国民主主義友の会の集会に関する報告
…………白倉弘之・訳
第18号（1985.11）
ロンドンにおける友愛民主主義者協会設立に向けた準備会議についての報告…………………………………………………滝口清栄・訳
第6回ロンドン共産主義労働者協会、創立記念祭の報告―― 1846年2月9日――……………………………………………高橋隆一郎・訳
第19号（1985.12）
ロンドンにおける友愛民主主義者協会の会合についての報告
…………鈴木勝秀・訳
友愛民主主義者協会の活動（1846）――『ノーザン・スター』を通して――……………………………………………………滝口清栄・訳
19世紀前半期ヨーロッパ社会思想史に関する邦語雑誌論文目録（1984年度以降）……………………………………………………編集部
第20号（1986.1）
プルードンへの手紙……………………………………藤田勝次郎・訳
社会主義理論フォーラム（1985.11・2～4）に参加して…… 石塚正英
第21号（1986.2）
ブルーノ・バウアーをめぐる若干の問題……………………林真左事
『女性史研究』（家族史研究会編集・共同体社刊）総目次①……編集部
第22号（1986.3）
ロンドンにおける友愛民主主義者協会第一回記念祭に関する報告
…………白倉弘之・訳
『女性史研究』（家族史研究会編集・共同体社刊）総目次②……編集部
第23号（1986.4）
友愛民主主義者協会の活動記録――『ノーザン・スター』記事から――解説……………………………………………………滝口清栄

ロンドン労働者教育相互扶助協会図書目録・1845年度（訳者解説つき）
…………石塚正英・訳
第9号（1985.2）
W・マールによる民衆の読者のための、フリードリヒ・フォイエルバッハ『将来の宗教』①……………………………………滝口清栄・訳
第10号（1985.3）
W・マールによる民衆の読者のための、フリードリヒ・フォイエルバッハ『将来の宗教』②……………………………………滝口清栄・訳
第11号（1985.4）
W・マールによる民衆の読者のための、フリードリヒ・フォイエルバッハ『将来の宗教』③（訳者解説つき）…………………滝口清栄・訳
19世紀前半期ヨーロッパ社会思想史に関する邦語雑誌論文目録③（1983年度）…………………………………………………編集部
第12号（1985.5）
タシュロー文書（ブランキ・四季協会関連史料）①
…………高草木光一・訳
第13号（1985.6）
タシュロー文書②（訳者解説つき）……………………高草木光一・訳
19世紀前半期ヨーロッパ社会思想史に関する邦語雑誌論文目録④（1983年度）…………………………………………………編集部
第14号（1985.7）
ヘルダーとヘーゲル……………………………………………長尾伸一
ヘーゲルに学ぶもの……………………………………………柴田隆行
80年代に死ぬ言葉…………………………………………… 工藤　豊
尾からヘーゲルを齧る……………………………………鷲田小彌太
ヘーゲル人倫論の形成過程を辿って…………………………滝口清栄
第15号（1985.8）
社会主義における「科学的」と「空想的」……………………大井　正
19世紀前半期ヨーロッパ社会思想史に関する邦語雑誌論文目録⑤（1983年度以降）……………………………………………編集部
第16号（1985.9）
フェティシズムをめぐって……………………………………布村一夫
［新刊紹介］『ゲオルグ・ビュヒナー、生涯・著作・時代――《ヘッセ

『社会思想史の窓』総目次

（第１号～第158号、1984～2009）

社会思想史の窓刊行会（代表・石塚正英）

や行

ら行

わ行

な行

は行

ま行

さ行

た行

事項索引

な行

は行

ま行

や行

ら行

人名索引

石塚正英（いしづか・まさひで）

生年・生地：1949年、新潟県高田市（現上越市）
最終学歴：1981年3月、立正大学大学院文学研究科史学専攻博士後期課程単位取得退学
最終学位：2001年2月、フェティシズム研究で博士号（文学）取得（立正大学大学院文学研究科哲学専攻）
専門分野：歴史知学、社会思想史、比較文明論
現職：東京電機大学理工学部教授、ＮＰＯ法人頸城野郷土資料室理事長
これまでに非常勤講師として、立正大学、関東学院大学、専修大学、明治大学、中央大学などで社会思想史、西洋思想史ほかを講義。

主要単著
★ヴァイトリング・ヘーゲル左派関係
『叛徒と革命―ブランキ・ヴァイトリンク・ノート』イザラ書房、1975。『三月前期の急進主義―青年ヘーゲル派と義人同盟に関する社会思想史的研究』長崎出版、1983。『ヴァイトリングのファナティズム』長崎出版、1985。『社会思想の脱・構築――ヴァイトリング研究』世界書院、1991。『アソシオンのヴァイトリング』世界書院、1998。
★フェティシズム・歴史知関係
『フェティシズムの思想圏――ド・ブロス・フォイエルバッハ・マルクス』世界書院、1991。『文化による抵抗――アミルカル・カブラルの思想』柘植書房、1992。『フェティシズムの信仰圏――神仏虐待のフォークローア』世界書院、1993。『「白雪姫」とフェティシュ信仰』理想社、1995。『信仰・儀礼・神仏虐待――ものがみ信仰のフィールドワーク』世界書院、1995。『ソキエタスの方へ――政党の廃絶とアソシアシオンの展望』社会評論社、1999。『歴史知とフェティシズム』理想社、2000。『ピエ・フェティシズム――フロイトを蹴飛ばす脚・靴・下駄理論』廣済堂出版、2002。『複合科学的身体論――21世紀の新たなヒューマン・インターフェイスを求めて』北樹出版、2004。『儀礼と神観念の起原』論創社、2005。『歴史知と学問論』社会評論社、2007。

石塚正英著作選【社会思想史の窓】
第4巻　母権・神話・儀礼――ドローメノン（神態的所作）

2015年1月16日　初版第1刷発行

著　者――石塚正英
装　幀――桑谷速人
発行人――松田健二
発行所――株式会社 社会評論社
東京都文京区本郷2-3-10 お茶の水ビル
TEL.03-3814-3861/FAX.03-3818-2808
http://www.shahyo.com
組版・印刷・製本――株式会社 ミツワ